PSICOLOGÍA DEL INMIGRANTE
CORAZÓN MENTE Y ALMA

Psicología del Inmigrante es también disponible en
Árabe como

علم نفس المهاجر :القلب والعقل والروح

Alemán como *Psychologie der Einwanderer: Herz, Verstand un Seele*

English as *Immigrant Psychology*

Otro Libros en esta serie

Inmigrante Conceptos: Vías de la Vida Hacia la Integración

Salud De Los Inmigrantes: Mejorar La Integración Y El Bienestar Global

PSICOLOGÍA DEL INMIGRANTE

CORAZÓN MENTE Y ALMA

Joachim O. F. Reimann, Ph.D.
Dolores I. Rodríguez-Reimann, Ph.D.

Romo Books

Psicología del Inmigrante: Corazón Mente y Alma
@2023, Joachim O. F. Reimann y Dolores I. Rodríguez-Reimann.
Todo derecho reservado.

Publicado por Romo Books Chula Vista California

ISBN 978-1-955658-09-6 (rústica)
ISBN 978-1-955658-10-2 (Libro electrónico)
Biblioteca de Congreso Control Número: 2023909935

Publisher's Cataloging-in-Publication
(Provided by Cassidy Cataloguing Services, Inc.)

Names: Reimann, Joachim O. F., author. | Rodríguez-Reimann, Dolores Isabel, author, translator.

Title: Psicología del inmigrante : corazón, mente y alma / Joachim O. F. Reimann, Ph.D. [and] Dolores I. Rodríguez-Reimann, Ph.D ; [translated by Dolores I. Rodríguez-Reimann].

Other titles: Immigrant psychology. Spanish

Description: Chula Vista, California, USA : Romo Books, [2023] | Translation of: Immigrant psychology. | Includes bibliographical references and index.

Identifiers: ISBN: 978-1-955658-09-6 (paperback) | 978-1-955658-10-2 (ebook) | LCCN: 2023909935

Subjects: LCSH: Immigrants--Cultural assimilation--Psychological aspects. | Immigrants--Mental health. | Emigration and immigration--Psychological aspects. | Immigrants--Services for. | Resilience (Personality trait) | Mental illness. | Mental health services. | BISAC: SOCIAL SCIENCE / Emigration & Immigration. | PSYCHOLOGY / Social Psychology.

Classification: LCC: RC451.4.E45 R4518 2023 | DDC: 616.890086912--dc23

Este libro está destinado a proporcionar información precisa con respecto a su tema. Refleja la opinión y perspectiva de los autores. Sin embargo, en tiempos de cambio rápido hay que asegurar que toda información con tal que es enteramente preciso y hasta- la fecha en todo momento no siempre es posible. Por lo tanto, el autor y el editor aceptan que no existe responsabilidad por inexactitudes u omisiones y específicamente renuncia a cualquier responsabilidad pérdida o riesgo personal profesional o de otra manera cuál puedan ser incurridos como una consecuencia directa o indirectamente del uso y/o aplicación de cualquier contenido de este libro.

Consultor editorial: David Wogahn, AuthorImprints.com

Edición y traducción al español por Dolores I. Rodríguez-Reimann y la Señora Leticia Gloria

Para todos nuestros pacientes y clientes con los que hemos trabajado a lo largo de los años.

CONTENIDO

PREFACIO

Las migraciones han ocurrido a lo largo de la historia humana. Mientras escribimos estas páginas, de nuevo gran número de inmigrantes y refugiados continúan recibiendo la atención mundial. La retirada de Afganistán del ejército militar estadounidense, por ejemplo, provocó un éxodo creciente de las personas para escapar del gobierno Talibán. En el 15 de septiembre del 2021, las estadísticas del Alto Comisionado de las Naciones Unidas para los Refugiados (ACNUR) mostraron que 2.2 millones de refugiados afganos vivían en países vecinos. Muchos de estos eran mujeres y niños. El ACNUR informó además de que casi 6 millones de afganos habían huido de sus hogares y del país debido al conflicto, la violencia y la persecución.[1] Estas cifras aumentan a diario. Para noviembre de 2021, Human Rights Watch también advirtió sobre la hambruna.[2] Esto en si causara más migraciones.

Luego, en el 24 de febrero del 2022, Rusia invadió Ucrania. Las Naciones Unidas pasaron una resolución denunciando la acción militar rusa pero aún sigue continuado. Ya para el 9 de marzo, 2022, la ONU estimo que más de 2.2 millones de gente de todas partes del espectro socioeconómico del país de Ucrania ya había huido[3] Aquellos números solamente han aumentado y la ONU ha advertido que estas cifras podrían llegar arriba de los 10 millones. Mientras la mayoría de los refugiados han terminado en Polonia, otros han tomado varios caminos. Algunos incluso han llegado a la frontera de los Estados Unidos viajando a través de México (por ejemplo, a través de Tijuana). Una vez allí, buscan entrada a los Estados Unidos.[4]

Las migraciones masivas están lejos de ser únicas. A finales de 2021 miles de haitianos huyendo su país por interminable pobreza, desastres por la naturaleza, pandillas violentas y agitación política comenzaron a llegar a los Estados Unidos por rumbo de la frontera de Texas con México. No todos vinieron directamente de Haití. Algunos habían estado por años en países sudamericanos como en Chile. Pero las economías deprimidas allí provocadas por la pandemia de COVID-19, aumento las actitudes antiinmigrantes, y progresivamente restrictivas impulsadas en políticas gubernamentales. Los haitianos se vieron otra vez a abandonar a esos países.[5]

A veces los migrantes se ven atrapados en circunstancias políticas con los que no tienen implicación directa. Por ejemplo, a finales del 2021 un gran número de migrantes (estimados en 3,000 a 4,000), en su mayoría del norte de Irak y Afganistán, se encontraron concentrados en la frontera entre Bielorrusia y Polonia. Allí ellos esperaban entrar en la Unión Europea (UE), pero Polonia les cerró su frontera. Según reportes de parte de Al Jazeera[6] la crisis resultante se vino acerca porque el gobierno y funcionarios de Bielorrusia estaban disgustados por sanciones puestos a ellos por la UE. En represalia, Bielorrusia provocó una migración en la frontera polaca para crear caos allí.

Por lo tanto, no es sorprendentemente que las tendencias descritas anteriormente posen desafíos tanto para los migrantes como para los países en los ellos que buscan refugio. De principio a fin los migrantes han experimentado viajes largos y peligrosos que los dejan física y emocionalmente abatidos. Estas personas necesitan seguridad, refugio, nuevos hogares y la oportunidad para prosperar. Al mismo tiempo, absorbiendo un gran número de nuevas personas, incluso si están legal y moralmente justificadas, pueden extender los recursos locales más allá de lo que es viable. Esto puede fomentar el resentimiento entre las poblaciones que ya viven en los países a que los inmigrantes quieren entrar. Sin embargo, una afluencia de migrantes también pude enlatar beneficios. En marzo de 2022 la *Time Magazine* presento en un artículo en la que Semuels[7] argumentó que la inmigración no solo debe ser tolerado, pero es esencial para la prosperidad del país. Citando estadísticas estadounidenses, llegó a la conclusión de que la escasez de trabajadores locales y el envejecimiento de la población contribuirán a una escasez de bienes y servicios, así como a una mayor inflación. Los inmigrantes pueden ayudar a aliviar estos problemas. Pero la inmigración estadounidense de todas las fuentes cayó de 1.6 millón de personas en 2017 a 559,000 en el 2021. Semuels citó así al economista laboral Ron Hetrick: *"Si la inmigración no mejora… No estoy seguro de que tengamos nuevo crecimiento."*

En resumen, los grupos de personas específicos que migran cambia. Pero la tendencia en sí misma es interminable. En consecuencia, es esencial encontrar maneras más eficaces para lidiar con esta realidad.

En un artículo del 2020, Seth Schwartz y sus colegas[8] discutió las contribuciones positivas que los psicólogos han hecho y pueden hacer a medida que el mundo se ocupa de la migración internacional. Estos incluyen conectar la investigación de la salud mental, otras ciencias sociales y la medicina para encontrar soluciones prácticas. Nuestro trabajo aquí refleja ese espíritu. Como parte de estos esfuerzos, creemos que la información profesional en salud y el conocimiento académico deben ser disponible y comprensible por gente que trabajan en servicios de primera línea, legisladores y los propios inmigrantes. Este volumen es un libro independiente. Pero, además, es el segundo en una serie. Nuestro primer libro *Inmigrante Conceptos: Vías de la Vida hacia la integración*, presenta una visión general de las circunstancias que tienden a experimentar los inmigrantes. Cuando estas circunstancias se entienden y se navegan de manera efectiva, el ajuste exitoso a nuevos países es muy alcanzable.

El bienestar psicológico es una de las bases sobre las que se basa y se puede construir el éxito. En este volumen tú aprenderás acerca de temas que son importantes para el bienestar. Basamos esta información en nuestra formación profesional en teoría psicológica, práctica clínica, y en la investigación en salud pública. Pero también estamos igualmente influenciados por nuestras historias de inmigracíon personales y de familia. Esto nos permite proporcionarle 1) la información más reciente sobre la salud psicológica y 2) explicar cómo se conecta con las experiencias comunes de los inmigrantes. Ejemplos de nuestra práctica privada ayuda a hacer estas conexiones. En resumen, este libro es escrito por inmigrantes para inmigrantes y para la gente que trabaja con ellos.

Existen muchos libros buenos que informan sobre los síndromes psicológicos y tipos de tratamiento que nosotros describimos. Sin embargo, nuestra esperanza con este volumen es proporcionarle una vista que se adapte a experiencias específicas de inmigrantes que lo ayudará a usted y a su familia (o a sus clientes) a encontrar caminos hacia la curación y el bienestar.

Las páginas iniciales describen nuestra intención para ti el lector. Al leer a través de ellas, si te reconoces a ti mismo o a alguien que conoces en sus descripciones, has venido al lugar correcto.

Aquí describimos dificultades psicológicas para poder dar sentido a lo que posiblemente tu o alguien que conoces está experimentando. En algunos casos incluimos ejemplos de nuestra práctica clínica (siempre manteniendo la confidencialidad de nuestros clientes como es requerido). También relatamos avenidas probadas de tratamiento y recuperación. En adición proporcionamos información sobre cómo puedes cuidarte a ti mismo o ayudar a miembros de tu familia u otras personas que tengan dificultades.[9]

Muchos estudios han mostrado que las personas que obtienen tratamiento en sus varias formas y tienen un apoyo social eficaz, mejoran sus fortalezas internas a través del tiempo. No solo en el manejo de síntomas, sino que también eventualmente mejoran la calidad de vida para ellos mismos, sus familias y seres queridos, comunidades y la sociedad en general. Si tú tienes o sospechas que tienes alguna angustia psicológica, queremos que sepas que hay esperanza, no estás "loco". Puede ser que estas experimentando depresión, ansiedad u otra condición tratable. No tienes algún defecto personal. Con el tipo de ayuda correcta, podrás mejor lidiar con cualquier problema o cuestión con la que podrías estar enfrentando. Si tienes un familiar, amigo o compañero de trabajo que tiene un trastorno mental, tal vez desees saber cómo puedes ayudarle y comprender las diferentes opciones de tratamiento. Si eres padre de un menor, puedes obtener algunas ideas sobre cómo acceder apoyo para tu hijo y para ti mismo. Si eres un profesional que trabaja con personas de comunidades de inmigrantes que están luchando con necesidades y enfermedades psicológicas, este libro te puede servir como una referencia rápida; una guía para ayudarte en tu situación particular.[9]

Una última reflexión antes de empezar: Las enfermedades psicológicas y angustia son entendidas diferentemente en varias partes del mundo. A menudo son vistos como fracasos personales y una debilidad de carácter. Las personas con problemas psicológicos pueden temer que la condición refleje negativamente en su familia, así como en ellos mismos. No es sorprendente que eso pueda asustar a la gente y prevenir que busquen la ayuda que necesitan.

Existen muchas ideas falsas acerca de la enfermedad mental. Ningunas de estas ideas son verdaderas. Las enfermedades mentales son enfermedades como cualquier otras. No significa que tú, (o miembro de tu familia) sea débil y defectuoso. Los proveedores de atención médica saben que las ideas mal tomadas sobre las personas con angustia psicológica a menudo son comunes. Por lo tanto, tales proveedores son requeridos de guardar la información que obtienen de sus pacientes o clientes completamente confidencial. Sin embargo, existen algunas excepciones que varían dependiendo del país o en el Estados Unidos, por estado. Las personas que buscan tratamiento profesional deben preguntar acerca de la confidencialidad, para que de este modo están bien informados sobre este tema.

Mientras que este libro describe las dificultades psicológicas, también al igual es necesario señalar que muchas personas en grupos de inmigrantes son no afligidas con tales problemas. Por consiguiente, proporcionamos información sobre con qué frecuencia ciertas dificultades tienden a ocurrir. El punto aquí es no usar como etiqueta a una población entera con problemas. De hecho, también incluimos discusiones de las muchas fortalezas personales y familiares, que cuando estudiadas en detalle entendemos que en muchas circunstancias los inmigrantes tienden a ser más resistentes a la angustia y fomentan mejores resultados de salud psicológica que los observados en una población nativa del país.

RENUNCIA

El contenido presentado de principio a fin en este libro es solamente para fines educativos y de referencia. No debe verse como un sustituto del consejo profesional dado por un médico, psiquiatra, psicólogo u otro profesional de la salud o la salud mental con licencia profesional. No debería usar esta información para auto diagnosticarse o de tratar problemas de salud mental o de salud. Póngase en contacto con un proveedor de atención médica mental de inmediato si sospechas que tienes a un problema emocional mental o médico.

Información y declaraciones sobre el diagnóstico potencial y el tratamiento descrito a lo largo de este volumen es consistente con la información de la Clasificación Internacional de Enfermedades, 10ª edición (CIE-10),[10] el Manual Diagnóstico y el Estadístico de Trastornos Mentales, 5ª Edición (DSM-5),[11] y mejores prácticas de tratamiento descritas por la Asociación Psicológica Americana(APA).[12] La información presentada dentro de estas páginas no tiene la intención de diagnosticar, tratar, curar o prevenir cualquier enfermedad o condición mental/o de salud. No asumimos responsabilidad por inexactitudes o errores acerca de tratamientos descritos.

INTRODUCCIÓN A LA SALUD PSICOLÓGICA

Hemos organizado este libro de manera que se describen dificultades psicológicas comunes, problemas específicos relacionados con trastornos psicológicos usando lentes culturales a través de los cuales se entienden estos trastornos. Además, hacemos la observación que seguido las personas pueden experimentar más de un tipo de angustia mental a la vez. Este punto es sumamente importante porque los proveedores clínicos frecuentemente necesitan ordenar a través de muchas preguntas los factores que presentan nuestros pacientes para así poder separar y ordenar por rango lo que debe tratarse primero. Querer lidiar con cada problema a la vez es abrumador y no facilita que la gente se sienta mejor.

Por ejemplo, si una persona batalla con problemas de sobrepeso o con dolor crónico le será muy difícil empezar a cambiar sus pensamientos y acciones necesarias si los problemas profundos como la depresión, la ansiedad, trauma por la guerra, asalto sexual o violencia doméstica no son dirigidas primero.

Con esto en mente, primero describimos cómo algunos inmigrantes experimentan el estrés relacionado con esfuerzos para integrarse a su nuevo medio ambiente. Esto es frecuentemente descrito como estrés de aculturación.

También es importante decir que los inmigrantes a veces experimentan angustia mental y dolor emocional en forma de depresión, ansiedad y trastornos psicóticos que tienen origen antes de inmigrar. Esto puede ser el resultado de violencia y persecución en sus países de origen y de hecho por eso mismo tomaron la decisión de inmigrar en primer lugar.

En adición para los que ocupan transitar como parte de su inmigración, el viaje en si puede ser peligroso, inclusive puede implicar eventos traumáticos como asalto, violación, otras formas de victimización y herida. Esto a menudo también incluye la experiencia de la muerte de un ser amado y otras pérdidas durante sus esfuerzos para inmigrar.

Dadas tales circunstancias, en el libro acentuamos tiempo abordando los problemas del duelo, incluido el dolor resultante de traumas múltiples. Porque el trauma es una experiencia tan significativa para muchos inmigrantes, entramos en más detalle en lo que es el desorden del estrés postraumático (TEPT). Esto incluye describir que síntomas son usualmente presentados y conectados con este diagnóstico y cómo tales son entendidos a través de varias culturas. Proporcionamos algunas estadísticas para ayudar a ilustrar cuán extendido está el TEPT y dar ejemplos de cómo puede verse en la vida de los inmigrantes.

Luego seguimos el mismo proceso para describir la ansiedad y los diferentes tipos de la depresión. Esto incluye la depresión que resulta de las experiencias que vivimos a través de la vida. Posteriormente tocamos el desorden de depresión bipolar.

Después de eso, seguimos con una descripción breve de los síntomas comunes en los trastornos psicóticos y presentar diagnósticos y estadísticas relevantes. También citamos ejemplos de la vida real extraídos de nuestra práctica clínica. En adición, hablamos acerca de los trastornos de personalidad en el marco del trabajo de expectativas culturales. Esta discusión nuevamente aborda problemas comunes relacionados con tales trastornos y proporciona ejemplos para ilustrar cómo ellos tienden a impactar la vida de las personas.

También proporcionamos discusiones sobre el abuso de sustancias/alcohol y los trastornos alimentarios dentro del contexto cultural de la identidad y autoestima que a común conlleva varias definiciones de belleza. En estos temas describimos las necesidades especiales de salud mental de los niños y adolescentes y proveer mejor cuidado a ellos.

Una vez que hemos descrito varios tipos de dificultades psicológicas, tomamos en cuenta cuestiones que con frecuencia se convierten en una parte importante del tratamiento clínico. Una vez más, estas cuestiones se presentan utilizando ejemplos de comunidades de inmigrantes. Específicamente, hablamos sobre el papel de la ira, la autoestima, el dolor crónico y el insomnio. Dado que algunos grupos de inmigrantes tienden a realizar trabajo que es más físico, accidentes industriales tienden a ser más común para ellos. Por lo tanto, hablamos acerca del impacto de tales lesiones a la salud mental en específico para el inmigrante y las comunidades en las que viven. Otro tema esencial es la prevención del suicidio.

A continuación, revisamos los numerosos tratamientos profesionales y servicios basados en la comunidad utilizados para ayudar a las personas con las dificultades psicológicas descritas anteriormente. Estos incluyen cómo la espiritualidad, la aplicación de la fe, la religión y la psicología positiva. Desgraciadamente algunas comunidades de inmigrantes encuentran barreras para acceder el tratamiento adecuado y por lo tanto hablamos al respecto.

Finalmente, le damos dirección en específico a cuestiones enfrentados por los inmigrantes y su impacto en el aprendizaje de un nuevo idioma, la obtención de la ciudadanía en países donde se requiere aprender el nuevo idioma y otras pruebas para adquirir ese estatus.

Un glosario de términos comunes se presenta al final del libro.

2

FACTORES ESTRESANTES AMBIENTALES Y SUS CONSECUENCIAS PSICOLÓGICAS

ESTRÉS DE LA ACULTURACION

Las personas migran por muchas razones; algunas lo hacen por alcanzar avances profesionales en ocupaciones altamente especializadas. Otros lo hacen para escapar de la pobreza y asegurar un futuro mejor para sus hijos. Algunas otras personas migran para escapar la guerra, la persecución, desastres debidos al cambio de clima, y la violencia.

A pesar de los motivos variados, los migrantes comparten en común la realidad que moviendo a un nuevo hogar puede y muy seguido causa estrés. Aun bajo las mejores circunstancias, aprendiendo nuevas costumbres y un nuevo idioma es desafiante para la mayoría de nosotros. En mínimo, un cambio de rutinas personales, ciclos de sueño, y hábitos establecidos son interrumpidos.

Especialmente entre las personas que huyen de la guerra y la persecución, puede haber varios estresores. Estos caen en tres categorías generales. Primero, las personas pueden haber sufrido eventos traumáticos como la guerra, tortura, agresión, incluida la violación, y la pérdida de seres queridos en su país de origen.

En segundo lugar, está el estrés del viaje en sí. Para refugiados y otros huyendo pobreza, el migrar frecuentemente incluye viajar a través de varios países y a veces languideciendo en campamentos para refugiados durante meses o incluso años. El viaje puede llevarlos a través de lugares donde no son bienvenidos y con frecuencia son abusados. Abusos comunes incluye el trabajo forzado, la explotación sexual, extorsión y robo.[13] Los siguientes tres ejemplos ilustran tales viajes.

Los caminos regulares entre los refugiados del Medio Oriente los han llevado de Siria a Libia, y luego a Europa. Los refugiados de África Oriental procedentes de Somalia a menudo escapan a Kenia o Etiopía antes de llegar a sus destinos finales. Mucha gente de América Central cruza a través de México para alcanzar a los Estados Unidos. En tales viajes la explotación de niños, incluyendo los menores no acompañados, es motivo de preocupación especial, ya que son una población altamente vulnerable.[14]

En segundo lugar, incluso en circunstancias positivas, los viajes pueden implicar varias paradas, cada una de las cuales requiere cierta adaptación a las nuevas circunstancias. Pero, como se ha demostrado recientemente a lo largo de la frontera entre los Estados Unidos y México, aceptación en el país de la destinación final está lejos de garantizado.

En tercer lugar, está la necesidad de adaptarse al entorno particular del nuevo país. Esto puede requerir que las personas aprendan habilidades rutinarias como la comprensión de signos de conducción nuevos e inclusive en ciertos casos el manejar en diferente lado de la calle. Pero más complejos son los desafíos como el aprendizaje un nuevo idioma y adaptándose a los diferentes sistemas educativos, laborales, costumbres, las leyes y requisitos son común.

Dadas estas condiciones, no es sorprendente que la literatura científica y clínica reconozca el estrés de aculturación (también llamado a veces estrés de inmigración y síndrome de estrés de reubicación) como serio e importantemente necesario de atención y soluciones.

Estos tipos de dificultades lleva por consiguiente el estar listados en libros de diagnóstico formales que identifican problemas psicológicos. Tanto el diagnóstico de la Asociación Americana de Psiquiatría como el de Manual Estadístico de Trastornos Mentales Quinta Edición (DSM-5)11 y la Clasificación Internacional de Enfermedades Décima Edición (CIE-10)10 han listado la "*dificultad de aculturación*" en sus términos. La CID-10 describe tal dificultad como un "problema con migración" y un "problema con el trasplante social".

¿Qué desafíos a la salud mental enlata ser parte del estrés de la aculturación? La ansiedad, preocupación, depresión, soledad, y en algunos casos severos el abuso de sustancias y alcohol están asociados con el proceso agotador a la salud mental como síntomas asociados con el proceso de adaptación a un país desconocido. Todos estos estresores interfieren con la capacidad de la persona para conectarse con otras que hace que su situación sea aún peor. Sin embargo, vale la pena mencionar que no todos los casos son graves. Algunas personas solo pueden experimentar tensiones leves que mejoran con el tiempo.

El estrés de aculturación también puede manifestarse a través de síntomas físicos. En parte, esto se debe a que la ansiedad a menudo está relacionada con sensaciones fisiológicas, tales como las faltas de aliento y dolores de pecho (más adelante en este libro discutimos en más detalle los síntomas físicos de la ansiedad). Tanto la ansiedad como la depresión también pueden causar irregularidades en el funcionamiento en el corazón y vías sanguíneas,[15] cambios en el apetito y el uso de medicamentos (incluyendo los sin receta médica) puede enlatar además dificultades físicas.

Además, síntomas emocionales, combinados con síntomas físicos y sus reacciones, pueden dejar a las personas aún más susceptibles a otras enfermedades debido a la disminución de la inmunidad. Los problemas entonces pueden volverse mayormente peor cada vez porque esta angustia provoca que la gente no tome el cuidado necesario para ellos mismos. El proceso causa un ciclo en el cual los problemas físicos y emocionales interactúan, se magnifican entre sí y así hace que ambos sean peores. En resumen, el estrés de aculturación afecta a un conjunto complejo de condiciones físicas y mentales.[16]

La falta de acceso a los servicios de salud también exacerba los problemas de la salud y salud mental. El mudarse a un estado o ciudad nueva en el mismo país puede significar cambios en los proveedores de atención médica y a veces cobertura de seguro. Estos desafíos se multiplican al moverse a un país nuevo. El agregar cambios a un nuevo idioma, barreras y un desconocimiento de las políticas y sistemas de salud, complican aún más el estrés de aculturación. ¿Qué tan común es el estrés de aculturación? Eso varía enormemente a través de diferentes poblaciones y circunstancias. La estadística exacta no es muy conocida. Pero es notable que, según una estimación,[17] la prevalencia del trastorno de estrés postraumático (TEPT) fuerte entre migrantes es muy alto (47%). Esto es particularmente cierto para los refugiados. El TEPT es mencionado aquí porque mientras eso es no automáticamente lo mismo como el estrés de aculturación, con frecuencia existen conexiones entre los dos.

¿Quién está a mayor riesgo? Tal vez no sea una sorpresa que los niveles de estrés de aculturación estén relacionados con el grado en que el nuevo país es parecido o diferente con el país de origen del inmigrante. Esto incluye el sistema político y las actitudes sociales de la nueva cultura. En resumen, cuando una nueva cultura es bastante diferente de la cultura nativa de un recién llegado, mayor es el grado de estrés de aculturación que podría ser experimentado.[18]

Para los inmigrantes que son muy buscados debido a su experiencia profesional y / o cuyas características físicas, idioma, tradiciones, y religión son similares a la población mayoritaria local, esto probablemente resulte más fácil de asimilarse. Por lo contrario, inmigrantes que se ven "diferentes" y / o que enfrentan unas circunstancias económicas difíciles tienden a tener mayores dificultades de adaptación. Es más probable que estas personas enfrenten estereotipos y actitudes negativas de parte de los nativos del país hacia los recién llegados.[19]

Algunos inmigrantes también tienen conocimientos profesionales y experiencia que no son aceptados en su nuevo país (por ejemplo, abogados, y proveedores de salud entrenados en otro país) y así enfrentan obstáculos educativos y profesionales que ocupan superar. Esto incluye familiarizarse con las normas y prácticas locales. En algunos casos eso incluye además conseguir licencias para practicar en un nuevo país. Dependiendo en dónde migra la persona la aceptación de su educación profesional extranjera en su nuevo país (y luego obtener la licencia en ese país) puede ser bastante difícil.

Otro factor que contribuye al estrés de aculturación es si la migración de la persona fue voluntaria o no. Según una fuente de información, los migrantes que dejaron su país de origen de una manera involuntaria tienden a tener 50% más estrés de aculturación en comparación con aquellos que abandonaron su país de origen en circunstancias más positivas.

Los inmigrantes indocumentados también tienden a experimentar estrés de aculturación substancial. La falta de documentos legales restringe su capacidad de trabajo, los hace más vulnerables a la explotación (laboral en condiciones más peligrosas, salarios bajos o convertirse en víctima de tráfico sexual), y a menudo los deja temeroso de las redadas de inmigración. El resultado de tales redadas puede ser grave en que con frecuencia separan miembros de la familia. Algunos miembros son deportados y otros no lo son.[20] Esto puede ser bastante común. Datos en los Estados Unidos del 2017, por ejemplo, se estimó que existían alrededor de 16.7 millón de familias que incluía tanto a familiares documentados como indocumentados que vivían en la misma casa. Casi seis millones fueron niños nacidos en los Estados Unidos.[21] En adición 4.4 millón niños bajo la edad 18 años vivían con al menos un padre indocumentado.[22] Se estima que medio millón de niños que son ciudadanos estadounidenses experimentaron la deportación de uno de sus padres entre el 2011 y el 2013.[23]

No es sorprendente que las separaciones debido a la deportación sean dolorosas y difíciles para aquellos que están siendo deportados y a menudo angustiantes para los miembros de la familia que se quedaron atrás. Esto puede ser particularmente grave en el caso de los niños. Un informe del Consejo de Inmigración[24] cita los vínculos emocionales entre la deportación de los padres y las expulsiones. Esto incluyó el estrés que puede afectar el desarrollo del cerebro, crear peores resultados educativos y generan participación con los sistemas de bienestar infantil entre menores.

Ejemplo: Un Caso del Dr. Joachim Reimann:

Mientras no implica a niños, este ejemplo de nuestra práctica clínica ilustra los problemas generados por la deportación. Un esposo nacido en los Estados Unidos tuvo que mudarse a Tijuana, México y cruzar la frontera a diario para estar con su esposa que era indocumentada. Aunque él era un miembro en servicio activo de la Fuerzas Armadas de los Estados Unidos. El marido tenía preocupación particular por la seguridad tanto de él como de su familia. Había secuestros múltiples por rescate en Tijuana en tiempo reciente, y él creía su estado militar lo hacía a él un "objetivo de alto valor" para tal delito.

Más adelante en este libro, cubriremos cómo la documentación sobre cuestiones psicológicas puede ser útil en el proceso legal. Pero por ahora, basta con decir que los procedimientos en cuestión son largos, voluminosos, y difíciles haciéndolos bastante estresantes.

Como se señaló anteriormente, los niños y adolescentes no son inmunes al estrés de aculturación. Esto puede ser generado por un anfitrión de razones incluyendo estatus legal de la familia, y si la migración fue forzada por la guerra o las amenazas criminales porque tales son frecuentemente conectados con baja seguridad económica.[25]

Pero también hay buenas noticias. Durante años, especialmente desde 1986, los investigadores han observado que algunas poblaciones inmigrantes tienden a tener *mejor* salud física y mental que la de la población nativa con los que viven. Grupos de poblaciones inmigrantes asiáticas, latinos, y del Caribe, por ejemplo, experimentan tasas más bajas de enfermedad mental que sus contrapartes no inmigrantes.[26] Dado los estresores económicos y otros que experimentan, muchos inmigrantes, éste hecho parecer contraintuitivo. Como tal, ha sido etiquetado como el *"paradoja epidemiológica," "Paradoja Hispana"* o *"paradoja inmigrante".*[27,28]

¿Qué explica estas tendencias inesperadas? Un elemento importante puede ser que mucha gente quiénes migran (independientemente de la razón especifica por el cual lo han hecho) tienden a ser optimistas. Puesto a que están dispuestos a renunciar lo conocido y familiar por algo nuevo y en gran parte desconocido. Además, tienes que estar sano para poder experimentar (y sobrevivir) éxodos largos, complejos y potencialmente peligrosos. Los inmigrantes también traen consigo partes saludables de su cultura. Esto incluye dietas saludables que excluyen alimentos rápidos super procesados, mayor actividad física en la que participan, y redes de familia y de apoyo cercanas.

En las casas donde viven generaciones múltiples cuentan con más ayuda. Mientras se consideró que varias personas en una vivienda era una fuente de propagación de COVID-19 durante esa pandemia,[29] los estudios también han encontrado que, entre los grupos de inmigrantes de las Indias Occidentales y América Latina, la multigeneracional, ayuda aumentar la propiedad de vivienda, apoyo emocional entre los miembros de la familia y beneficios prácticos como cuidado infantil más fácilmente disponible.[28]

Además, la religión puede tener un impacto positivo. Un estudio de las mujeres de los países de América Latina informó que el estrés de aculturación era menor cuando tenían mayor fe religiosa.[30] Mientras no como solución íntegra, la oración y otros actos basados en la fe y la meditación de todas formas de creencias enlatar disminuir el estrés.[31,32] Otros estudios han indicado que el deseo para aculturar ayuda. Esto puede ser provocado por la comprensión por el migrante que la devolución a su país de origen no es deseado o viable.[33]

Los niños y adolescentes tienen ambas ventajas y desventajas. Ellos tienden aprender un nuevo idioma más rápido y tienden adaptarse más fácilmente que sus contrapartes adultas a nuevos entornos. Esto puede tener resultados positivos y negativos. Los aspectos negativos incluyen el potencial de alterar los roles tradicionales en torno a poder y autoridad en la familia. Los niños y adolescentes se pueden encontrar con responsabilidades en negociando el nuevo país. Por necesidad, frecuentemente ellos se encuentran en el rol de guías e intérpretes para sus padres. Mientras que prácticamente esto sea útil, el cambio de roles en la familia puede enlatar un encuentro con normas tradicionales que causa resentimiento, e impone responsabilidades en los niños por lo que no están listos dado su grado de desarrollo.

Pero a largo plazo, es probable que una aculturación más rápida sea útil para estos niños. Por ejemplo, en un estudio que analizó la adquisición del lenguaje de los adolescentes latinos y el éxito en la sociedad en general, aquellos que habían aprendido más ingles tuvieron experiencias más positivas en muchos aspectos de su nuevo hogar.[34] Sin embargo, como se mencionó anteriormente, la aculturación más rápida también puede enlatar y además imponer conflictos en la familia y crear tipos de dependencia/codependencia.

Para resumir, los factores que pueden hacer que los inmigrantes sean más vulnerables hacia el estrés de aculturación son:

1. Experiencias de trauma en su país de origen y/o durante sus viajes a un nuevo país;

2. Experiencias de discriminación y la no aceptación en el nuevo país;

3. Cambios negativos en el estatus socioeconómico y/o en curso pobreza;

4. Inmigrantes de mayor edad tienden a tener más dificultades en aprender nuevas costumbres y un nuevo idioma;

Factores que tienden a proteger contra el estrés de aculturación pueden incluir:

1. Similitudes las culturas entre el país de origen y el nuevo país.

2. Si el mismo idioma es común en el país de origen y el nuevo país;

3. El inmigrante tiene habilidades y experiencias que son altamente valiosas en su nuevo país.

4. El inmigrante es físicamente similar (en términos de raza y características étnicas) a la población mayoritaria en el nuevo país y, por lo tanto, tiende a "*mezclarse*";

5. Inmigrantes tiene sistemas de apoyo familiares y sociales fuertes.

EL TRAUMA: LA VIOLACIÓN, LA TORTURA, Y OTRAS LESIONES

Como señalamos anteriormente, la realidad de experiencias traumáticas es, desafortunadamente, demasiado común entre los migrantes que se ven obligados a huir de su país natal y para los que tienen pocos medios económicos. Esta sección explora el tema del trauma entre los inmigrantes en mayor detalle.

El número exacto de inmigrantes con la experiencia de trauma en 1) su país de origen, 2) durante el viaje migratorio, 3) en su país adoptivo o 4) en alguna combinación de estos conjuntos es desconocido. Archivos al respecto de gobiernos y otras organizaciones son a menudo escasas o inexistentes. Los inmigrantes también pueden dudar en reportar incidentes traumáticos, temiendo que hacerlo les atraiga atención no deseada. Pero si existe cierta información.

Por ejemplo, para los inmigrantes que experimentan una migración forzada y aquellos sin estado legal están a un riego particular hacia el trauma. Un informe en 2018 del Washington Examiner[35] noto unas 2,200 muertes, 180,000 violaciones y sexo forzado, 81,000 casos de ser forzado a contrabandear drogas y 27,000 casos de tráfico de personas durante un solo año.

Algunas estadísticas de ubicaciones específicas son las siguientes: La migración hacia los Estados Unidos de México y América Central ha sido substancial por muchos años. Un informe por el Centro para Estudios de Inmigración[36] afirma que entre los migrantes de Triángulo Septentrional de América Central (Honduras, Guatemala, El Salvador) el 68.3% reportó ser víctima de violencia. Además, un 38.7% dijo que sufrió dos incidentes de este tipo y el 11.3% citó tres incidentes. Los encuentros violentos para el migrante pueden ocurrir en su país de origen y en los viajes a sus destinos.

Episodios violentos específicos incluyeron varios tipos de agresiones físicas y abuso sexual. Siete por ciento (7%) de estos migrantes habían sido disparados con una pistola. Autores de esta violencia hacia los migrantes durante el viaje migratorio incluyen pandillas criminales y miembros de las fuerzas de seguridad locales.

Además, se denunciaron muchos incidentes de explotación. Esto incluía extorsionar sobornos monetarios, así como exigir sexo como pago por viaje, protección y refugio. En nuestra práctica clínica, hemos oído de chicas jóvenes de 13 años que fueron explotadas sexualmente, y algunas de las cuales quedaron embarazadas.

En particular, las personas que cruzan la frontera entre Estados Unidos y México no solo son de países latinoamericanos. Algunos se originaron en el Medio Este y otras ubicaciones. Anecdóticamente también hemos escuchado que una ruta bien transitada comienza con un viaje a un país europeo. Para migrantes con medios económicos, éste es seguido por un vuelo a la Ciudad de México u otra ciudad de México importante, presumiblemente porque los requisitos de entrada allí son más relajados. Estas personas luego toman un vuelo local a una ciudad fronteriza entre Estados Unidos y México como Ciudad Juárez o Tijuana México. Finalmente, ellos mismos se presentan como solicitantes ante las autoridades de los Estados Unidos o simplemente cruzan la frontera. El número de personas que han viajado tales rutas y que han experimentado un evento traumático es desconocido. Pero dado a que ellos han huido sus hogares es muy probable que lo han hecho debido a que se encontraban en alguna forma de amenaza. Se especula que los números de personas en esta situación es substancial.

Algunas estadísticas de Europa están disponibles. La Agencia de los Derechos Fundamentales de la Unión Europea (FRA) reconoce que más agencias de gobierno de la UE no recogen información sobre experiencias traumáticas. Pero entre sus estados miembros, los Servicios de Asilo en Grecia informó en el 2016, 577 de sus solicitantes habían sobrevivido torturas, violaciones u otros actos de violencia sexual. La mayoría de estos eran de Siria, Irak y Afganistán.[37]

Si bien las estadísticas claras son nuevamente escasas, la FRA también ha reportado que la policía y otros funcionarios de seguridad han empleado el uso de fuerza excesiva y abusos relacionados contra los inmigrantes que llegan a Europa. Los incidentes específicos incluyen el uso de perros desenfrenados, el uso espray de pimienta, palizas, intimidación verbal y quitarles ropa que les proteja contra el frio. Los países implicados como autores han incluido Hungría, Bulgaria y Grecia.[37]

En nuestra propia investigación con las poblaciones africanas y del Medio Oriente de San Diego, encontramos que la mayoría de los inmigrantes (56%) nos informó que habían experimentado alguna forma de persecución en sus países de origen. De estos 17% habían sido torturados, más comúnmente por sus creencias religiosas, culturales, y por sus origines de tribu. Otro 37% reconoció haber vivido alguna forma de acoso una vez en los Estados Unidos. Esto incluyó crímenes de odio. Nuestras experiencias clínicas demuestran que las circunstancias no han disminuido de a un grado destacado con el transcurso del tiempo.[31]

Nuestro trabajo clínico además ha incluido servicios con personas que han reportado haber experimentado la tortura. Alguno incidentes fueron perpetuados por individuos participantes en grupos criminales brutales. Otros se trataban de la tortura organizada patrocinada por el gobierno que seguía a un sistema de protocolo y tenía una motivación política.

Un ejemplo típico de un país del Medio Oriente es cuando las autoridades locales detuvieron a personas y las acusaron de sedición contra el gobierno. La mayoría de las veces estas personas pertenecían a grupos religiosos y/o étnicos minoritarios y pueden haberse negado a unirse al partido político gobernante. La mayoría de las veces no fueron parte de un grupo de resistencia organizada posiblemente porque tales organizaciones tienen mejores medios para proteger a sus miembros.

Los individuos del ejemplo fueron encarcelados y puestos en una celda oscura donde estaban aislados, pero podían escuchar los gritos de otros reclusos que presuntamente estaban siendo torturados. Se les negó en gran medida comida e instalaciones sanitarias. Luego fueron interrogados repetidamente y golpeados. En un caso particular del que fuimos informados consistió en un arrestado que fue detenido, golpeado y en seguida, trajeron a su madre, la cual desnudaron y golpearon en frente del él. También los carceleros llevaban a los reos a un patio donde se les decía que serían asesinados allí. Después de repetidas palizas, intimidación, aislamiento y amenazas de muerte, a las personas se les daba la posibilidad de salir de la prisión. Específicamente, se les dijo que necesitaban hacer una confesión escrita de sus crímenes (a menudo inexistentes) contra el gobierno y acordar a espiar a sus familiares, amigos y vecinos si querían ser liberados. Luego tuvieron que reportar al governó cualquier actividad presumiblemente sospechosa. No es sorprendente que las personas a menudo estuvieran de acuerdo con estos términos para que pudieran salir de la prisión.

Algunas de estas personas, las que han experimentado éstas clase de tortura entonces deciden huir el país. Este proceso también está plagado de peligros políticos. Algunos son capturados sin documentación en otro país y enviados de vuelta a casa. Allí se les considera haber violado su *acuerdo* además al huir, así creando que ambas circunstancias enlatan a conducir a castigos aún más severos, incluyendo la muerte. Además, algunas de estas personas se ven como haber cooperado con sus captores antes de irse y así ser identificados como los perpetradores de violencia por sus compañeros migrantes una vez en el extranjero.

EL DUELO NO RESUELTO

No es sorprendente que incidentes y circunstancias como las descritas con anterioridad a menudo conduzcan a un dolor y pérdida profundo. Esto será nuestro tema próximo.

Muertes de los migrantes: Una fuente de angustia psicológica para algunos inmigrantes y sus familias es la experiencia del dolor debido a que muchos han perdido a uno o varios de sus seres querido/s por la guerra, persecución, violencia a manos de pandillas y otros incidentes. Es posible que otros no sepan si los familiares perdidos o secuestrados siguen vivos. Tales eventos pueden suceder, tanto en el país de origen del inmigrante o durante el trascurso de su viaje hacia un nuevo hogar. Si estas circunstancias no se resuelven, se puede desarrollar un problema grave conocido como el "duelo complicado".

Las posibilidades de muerte entre las personas que viajan a un nuevo país pueden ser substanciales. No existe modo de saber el número exacto de personas que han perdido la vida durante el proceso migratorio. Muchos de estos incidentes no se registran. Pero varias organizaciones internacionales e iniciativas locales han intentado documentarlos. Aquí presentamos algunas estimaciones.

A un nivel global, más de 75,000 muertes de migrantes se ha registrado desde 1996. Tales estadísticas no solo resaltan el impacto de las muertes de los migrantes, pero además dan a luz el impacto potencial de esos incidentes en los miembros de familia y a quienes se quedan atrás.

El Proyecto de Migrantes Desaparecidos por la Organización de Internacional de Migración (OIM) es un esfuerzo para entender esta estadística.[38] La OIM combina datos de muchas fuentes diferentes y utiliza esa información para entender el número de muertes de personas durante el proceso de migración al nivel internacional. Eso además incluye el número de migrantes que han desaparecido mientras viajan sobre cuerpos de agua (principalmente en barcas). De un punto de vista práctico y político, esto puede ayudar a identificar las muertes que ocurren en varias fronteras, señalando especialmente las rutas peligrosas. Sin embargo, las cifras no suelen incluir las muertes que ocurren en campos de refugiados, centros de detención, durante deportación, o cuando los migrantes se vieron obligados a regresar a su lugar de origen.

Los datos que muestran tales tendencias recientes de muertes y desapariciones al nivel mundial del OIM incluye más de 33,400 mujeres, hombres y niños desde la organización comenzó a registrar tal información en el año 2014. La mayoría de estas muertes (18,500) se han registrado al cruce del mar Mediterráneo. La ruta del mediterráneo central desde África del Norte hacia Italia cuenta en su mayoría por el número de estas muertes y desapariciones reclamando 15,500 vidas entre enero 2014 y octubre del 2019.[38]

Además, más de 7,400 muertes han sido contados a través del continente africano. Muchos de estas ocurrieron cuando la gente intentó cruzar el desierto del Sahara. Además, más de 3,000 muertes han sido atribuidos por migraciones en Asia más recientemente enlazado por migraciones de Myanmar por el pueblo Rohingyá (un grupo étnico en la región).[38]

En América Central más de 3,600 personas han sido reportados como desaparecidos durante una migración desde el 2014. Aproximadamente el 60% de estos números fueron documentados en la frontera entre Estados Unidos y México. Los incidentes de las muertes de migrantes pueden llegar a ser particularmente impactantes cuando ocurren cerca de la casa de uno, incluso cuando no involucran a personas que uno conoce personalmente. Por la mañana del 2 de mayo de 2021, cuando escribíamos este libro en el condado de San Diego, una cabaña de crucero de 40 pies con un estimado de 30 migrantes indocumentados a bordo, golpeó un áspero arrecife en las aguas de una de nuestras playas locales. A pesar de intensos esfuerzos para salvar a los ocupantes, unas cuatro personas murieron y muchas más fueron hospitalizadas. El bote era supuestamente inseguro ya que el gol primario para los contrabandistas es su propio beneficio y no el valor humano. Lo que le sucede a la gente es en gran medida irrelevante para ellos si han logrado sus beneficios personales.[39]

Tales incidentes no son infrecuentes. En noviembre del 2021, veintisiete migrantes se ahogaron mientras intentaban cruzar el Canal de la Mancha saliendo de Francia queriendo llegar al el Reino Unido. La sobrecarga del bote hinchable hizo que se volcara. Dentro de los muertos supuestamente iban incluidas cinco mujeres y una niña. Las personas de África y los países del Oriente Medio evidentemente ven al Reino Unido como el mejor destino para ellos debido a que allí se habla inglés, y para algunos de ellos ya tienen parientes en el Reino Unido y supuestamente es más fácil obtener trabajos allí debido a que las leyes de inmigración son más relajadas.[40]

El Proyecto Migrantes Desaparecidos de la OIM es importante para varias razones. Las estadísticas que este proyecto genera pueden ser usados por gobiernos para evaluar los riesgos de las rutas comunes de migración y entonces diseñar políticas y programas para hacer que el proceso sea más seguro. El proyecto también apoya a las personas que están buscando seres queridos perdidos haciendo referencias a la Red de Restauración de Vínculos Familiares operada por las Cruz Roja y por de la Medialuna Roja (FICR).

Dadas estas estadísticas, probablemente no es sorprendente que las circunstancias descritas anteriormente pueden conducir a la angustia emocional entre poblaciones de inmigrantes. La siguiente sección toca las maneras en que tal angustia puede tomar.

El Duelo Complicado: Al considerar los números citados anteriormente, es fácil notar que el dolor por el duelo y en su forma más grave duelo complicado son problemas comunes entre los inmigrantes.[41] Como tal, estas condiciones son frecuentemente tratadas por psicólogos, psiquiatras y otros profesionales de la salud mental que trabajan con estas poblaciones.

La mayoría de las personas experimentamos la angustia de perder a un ser querido en algunos puntos de nuestra vida. Para la gran mayoría de nosotros el dolor del duelo es normal e implica un período de tristeza, dolor, desapego e incluso sentimientos de culpa e ira por la pérdida. Es probable que la gente continue extrañar y recordar su ser querido. Pero con el tiempo, la intensidad emocional relacionada con la pérdida será menor. Éste es una parte natural del proceso de sanación.[42]

Cuando las personas trabajan a través del duelo, generalmente pasan por diferentes etapas del proceso de duelo. El orden exacto y duración de cada fase varía de persona en persona.

Según Kübler-Ross,[43] el duelo generalmente comienza con la negación que la pérdida es real. Esto a menudo es seguido por la ira por la injusticia de la pérdida. Esta ira puede estar dirigida a personas que son vistas como haber provocado la pérdida o como autoculpa. Algunas personas se vuelven muy deprimidos, sintiendo que la esperanza de una vida mejor se ha ido. Finalmente, mucha gente llega aceptar la realidad de la muerte de un ser querido. Ellos, además ajustan sus nuevas vidas, con planes y sueños para el futuro y así poder sentirse esperanzados y ganar de nuevo relaciones sanas.[42]

En los casos en que la muerte es causada por violencia o actos criminales, las personas también pueden encontrar consuelo si creen que el perpetrador ha sido traído hacia la justicia. Inclusive, algunos de ellos pueden encontrar en sí mismos la probabilidad de perdonar al ofensor.[44,45]

Pero para otros una pérdida así es devastador y la angustia emocional no termina o disminuye con el paso del tiempo. Clínicamente entendemos esta experiencia como "duelo complicado" o "*desorden del duelo persistente complejo*". En tales casos emociones dolorosas y los sentimientos de la pérdida siguen siendo tan graves y duraderas que es extremadamente difícil para que la persona pueda recuperarse y regresar una "*vida normal*".[42]

Pongámonos a considerar las similitudes y diferencias que existen entre el duelo común y duelo más complicado: Como se señaló anteriormente, experiencias ordinarias entre las personas que sufren el duelo incluye el dolor y tristeza por la pérdida de su(s) ser querido(s). Este estado empeora cuando el afligido se encuentra con lugares, personas y lugares que les recuerdan a la(s) persona(s) que perdieron.

Al principio, es difícil diferenciar entre el duelo común y el duelo complicado. Durante los primeros meses después de la pérdida, muchos síntomas relacionados con el duelo normal y el duelo complicado son los mismos. Pero, aunque normales, los síntomas de duelo comienzan a desvanecerse gradualmente con el tiempo, los del duelo complicado permanecen o empeoran.

Algunos indicadores del duelo complicado son los siguientes: Las personas continúan teniendo la experiencia del dolor intenso y se preocupan de la pérdida de su querido. Ellos además continúan sentir un intenso añoro por el ser querido fallecido. Hay poco enfoque en cualquier otra cosa sino solo por el querido y de su muerte. Tienden a tener una fuerte reacción emocional negativa hacia los lugares, individuos y circunstancias que les recuerdan del ser amado perdido y evitan tales circunstancias.

Para las personas con el duelo complicado además tienen la experiencia de sentimientos de destacamento y entumecimiento emocional. Ellos empiezan a tener un sentido de amargura acerca de su pérdida creyendo que su vida ya no tiene significado o propósito. Ellos parecen incapaces de disfrutar de nada o pensar en recuerdos positivos con los que compartieron su ser querido perdido. A menudo, comienzan a desconfiar de otros que, en su opinión, "no es posible que entiendan" la experiencia como la persona que sufre del duelo.

Los problemas que pueden surgir del duelo complicado pueden ser severos y duraderos. Las personas en esta categoría tienen una capacidad reducida para pensar de cualquier otra cosa que su duelo, y tienen dificultad de aceptar la muerte de su ser querido. El enojo y amargura acerca de la muerte puede hacer que pierdan la esperanza en la vida. La participación en actividades que fueron parte de la rutina diaria antes de la perdida se vuelve difícil para las personas que padecen del duelo complicado. Se retiran de otra gente por sentirse culpables de no haber sido capaz de impedir o prevenir la muerte del ser querido y concluyen que la vida para ellos ya no vale la pena vivirla. Con frecuencia, para muchos de ellos desean haber muerto con su ser querido. Inclusive, muchas de estas personas comienzan a considerar aun el suicidio. Además, muchas de estas personas empiezan a experimentar síntomas físicos asociados con la ansiedad. Estos pueden incluir dificultad para respirar y dolores en el pecho u otros dolores corporales. El estrés también puede debilitar el sistema inmunológico, aumentando el riesgo de enfermedad física (por ejemplo, enfermedad cardíaca, cáncer o presión arterial alta). También puede haber una superposición sustancial entre el duelo y el trastorno de estrés postraumático (TEPT). Discutimos el TEPT en detalle a continuación.

Los expertos en salud mental no entienden completamente por qué algunas personas quién han sido expuesto a circunstancias similares desarrollan el duelo complicado mientras que otros no. Parece ser que son varios factores implicados. Estos incluyen tal vez una predisposición genética o tipo de personalidad de haber adquirido métodos para hacer frente al mundo y al estrés.

Las personas de mayor edad y las mujeres parecen ser más vulnerables y a riesgo de desarrollar el duelo complicado. Otras circunstancias que aumentan estas posibilidades de desarrollar dicho dolor incluyen una muerte inesperada o particularmente violenta (por ejemplo, un accidente de automóvil, accidente violento, asesinato guerra o suicidio), la muerte de un niño y el haber sido muy dependiente de la persona difunta, la persona pérdida tenía un enlace fuerte (por ejemplo, cuando otros culpan a la persona afligida por el muerte), un historia de otro trauma y/o trastorno emocional y el estrés adicional en la vida.

Los investigadores no tienen mucha información sobre la prevalencia del duelo complicado entre grupos nacionales específicos. Sin embargo, un estudio informó que mientras depende de cual país de dónde son, es más común estimar que el 32% de los inmigrantes experimentan tal dolor.[46] El dolor del duelo entre los inmigrantes puede aumentar cuando miembros importantes de la familia no están presentes para ayudar y la vida en el nuevo país limita el grado a qué prácticas tradicionales de entierro se pueden seguir.[47]

Una clave para diagnosticar y tratar el duelo y el duelo complicado es reconocer los contextos culturales y religiosos que son el marco de la experiencia individual. Pero aun cuando alguien encuentra similitudes entre los antecedentes culturales y religiosos de una persona, siempre hay diferencias individuales que necesitan ser consideradas y respetadas.

En resumen, el duelo complicado puede tener un impacto físico, mental y social entre los inmigrantes. Los que han tenido que huir de sus hogares debido a la guerra, la pobreza y la violencia criminal están a un riesgo particular. A menudo emprenden viajes largos y peligrosos. En seguida se describen algunas consideraciones básicas para lidiar con el duelo. Éstas son seguidas por una discusión acerca de la resiliencia contra el duelo complicado.

Cuando Debemos Considerar Buscar la Ayuda Profesional: Algunas personas resisten buscar servicios profesionales porque temen que serán juzgados y ridiculizados. Esto puede deberse a que amigos y miembros de la familia ya han criticado sus comportamientos de duelo ("ya ha pasado tiempo y ya deberías haber terminado con eso-tu sufrimiento por ahora"). Pero los profesionales de la salud mental son más conscientes de que cada persona necesita a su propio ritmo y en su propio tiempo.[48]

Sin embargo, es una buena idea ponerte en contacto con tu médico o un profesional de salud mental si tú sufres de intenso dolor y tienes problemas funcionando. El tiempo que las personas toman para llorar varía mucho. La gente no debe temer buscar ayuda. Ciertamente, si la angustia emocional no mejora en un año, el buscar tratamiento profesional es aconsejable.

El cómo prevenir el duelo complicado no está del todo claro. El buscar asesoramiento poco después de una pérdida puede ayudar, especialmente para las personas con mayor riesgo de desarrollar un duelo complicado. Nos dirigimos a varios tratamientos formales más adelante en este libro. Pero por ahora aquí hay algunos pensamientos iniciales sobre las formas en que pueden hacer que el dolor sea más manejable.

· **Platicando:** Cuando gente habla acerca de su dolor y permitirse a ellos mismos mostrar sus emociones (como llorar). Esto puede reducir la oportunidad de ser abrumado por su tristeza. El llanto es un sentido que nuestro cuerpo usa para manejar y descargar el estrés.

· **El Apoyo:** En circunstancias ideales miembros de la familia, los amigos, las redes de apoyo social y las comunidades de fe pueden ayudar a las personas a superar su dolor. Algunos grupos de apoyo se enfocan en un tipo particular de pérdida tal como la muerte de un esposo o un niño durante la guerra. Tener la experiencia con personas en circunstancias similares que han progresado en el proceso del duelo pueden demostrar que mejorar es posible.

· **Afrontamiento basado en la cultura:** Si bien la muerte es universal, varias culturas tienen diferentes maneras para tratar con la pérdida y dolor. Para ejemplo el Día de los Muertos (noviembre 1 & 2) es una fiesta mexicana que se superpone con ceremonias Católicas Día de Todas las Almas es observado en muchos países. Esta celebración permite a familiares y amigos recordar y honrar a sus difuntos celebrando sus vidas. Ahí la gente construye altares en sus casas, hacen ofrendas y visitan tumbas con regalos. Esta práctica no es la misma que, pero tiene algún parecido con la veneración de los antepasados practicado por la tradición China Taoísta. Eso es basado en la creencia que los familiares fallecidos siguen existiendo; sus espíritus cuidan de sus familias y tienen influencia sobre las fortunas de los que viven. Les corresponden a los miembros de la familia vivos mantener felices a los antepasados en el mundo espiritual. Ambos de estos ejemplos son rituales y creencias que honran y recuerdan al difunto con alegría en lugar de enfocarse en la pérdida de su muerte. En parte esto sirve para reforzar la continuidad de la línea familiar.

Nuestros clientes a menudo nos enseñan bastante acerca de la supervivencia y resiliencia cuando estamos llevando a cabo la terapia. Aquí hay un ejemplo de nuestra práctica.

Ejemplo, caso de Joachim Reimann:
Una paciente llegó a nuestra oficina en angustia emocional. Ella había escapado persecución política en un país Europeo Oriental y había tenido éxito en establecer una vida nueva en los Estados Unidos. Ella se había casado y estaba planeado tener hijos. Pero luego el esposo murió en un accidente.

Esta mujer joven se describía así misma como teniendo la capacidad de controlar sus emociones bajo circunstancias habituales. Pero había perdido ese poder cuando murió su esposo. Conmovedoramente, relató un incidente durante una conversación con un compañero de trabajo, la respuesta del compañero fue que era "*increíble*" y "*sobreviviste*". Sin pensarlo, la paciente respondió: "*no, lo sobreviví*". Ella misma no había estado en el accidente, y no padecía de alguna herida.

La respuesta inmediata de la paciente parecía ser que se refería a su funcionamiento psicológico.

La paciente estaba correcta e incorrecta en su respuesta. Ya que ella no quedó exactamente como era antes del accidente de su marido. Eso la cambio. Por lo tanto, su "ella" no sobrevivió. Pero con el tiempo ella fue capaz de honrar la memoria de su marido viviendo la vida que ella sabía él hubiera querido por ella.

Por su descripción parecía que él claramente la quería y así ella decidió seguir adelante para que fuera una realidad.

TRASTORNO DEL ESTRÉS POSTRAUMÁTICO

La mayoría de los psicólogos, psiquiatras y otros tipos de proveedores de servicios de salud mental usamos diagnósticos estándar descritos en la Clasificación Internacional de Enfermedades o, en los EE. UU., el Manual de Diagnósticos Estadísticos para decidir y figurar de que puedan estar sufriendo nuestros pacientes. Esto nos ayuda a decidir cómo proveerles de un tratamiento mejor.

El trastorno de estrés postraumático (TEPT) es uno de esos diagnósticos. Generalmente se define como una condición mental que puede ocurrir si una persona ha experimentado directa o personalmente o presenciado uno o más eventos traumáticos(s) o aprendió que tal(es) evento(s) le(s) sucedió a un ser querido o experimentó una exposición repetida o extrema a los detalles adversos de uno o más tales eventos.

Síntomas del TEPT incluyen tales como pensamientos intrusos acerca del trauma ("flashbacks"), problemas para dormir, pesadillas, episodios significativos de ansiedad, sentimientos de irrealidad, aislamiento de otros, agitación/irritabilidad, sobresaltar, depresión, problemas de concentración y reacciones físicas a situaciones que recuerdan a la persona del trauma que han experimentado. Más adelante en esta sección entramos en mayor detalle sobre las diversas experiencias que se pueden presentar en las personas con el TEPT.

Sospechamos que no es de extrañar que el TEPT pueda ser un problema para los inmigrantes que han experimentado eventos muy graves como la guerra, la persecución, amenazas criminales, extorsión, agresión sexual, lesiones físicas y otras experiencias similares. Estimaciones específicas varían de aproximadamente 30% entre adultos sirios a un alto del 76% entre niños sirios.[49,50] Un estudio encontró que acerca de un 9% de adolescentes inmigrantes latinoamericanos y un 21% de sus guardianes estaban en riesgo de desarrollar el TEPT.[51] Esto se compara con entre el 1% y el 6% de personas que padecen del TEPT en la población adulta general en todo el mundo.

Las fuerzas militares de los Estados Unidos se retiraban de Afganistán mientras escribíamos este libro. El impacto psicológico de este evento en la población afgana es todavía desconocido. Pero informes de noticias constantemente publicó multitudes de personas desesperadas en el aeropuerto de Kabul que intentaban salir del país entre el 14 y el 31 de agosto, 2021. En general, los esfuerzos combinados de los EE. UU. y sus aliados evacuando más de 114,000 personas hacia varias naciones después de la toma al poder por los talibanes.[52] Toda información disponible indica que la gente va a continuar a huir del nuevo régimen.[53] Por lo cual es altamente probable que los países de acogida de refugiados afganos verán un alto número de inmigrantes con TEPT en esta población.

Las historias personales de los refugiados afganos son a menudo frustrantes, así como inspiradores. Un artículo del 13 de mayo, 2022, en la revista *La Semana*, por ejemplo, describe miembros del Pelotón Táctico Femenino, una unidad militar élite afgano que había dado soporte a las Special Forces del EE. UU. en la búsqueda de combatientes talibanes. Como mujeres, podían reunir inteligencia más fácilmente de otras mujeres. Según todos los informes, estas mujeres tuvieron mucho éxito en sus misiones. Pero con la retirada de los EE. UU. estas defensoras tenían que huir de sus hogares. Según el mismo artículo, al menos una de ellas estaba trabajando en un establecimiento de comida rápida en los Estados Unidos.[54] Dada su habilidad probada, determinación, valor y apoyo de los objetivos de EE. UU., parece muy probable que las veteranas de la Táctica Femenina tendrán más que éxito en sus nuevas vidas. Sin embargo, también demanda que su nuevo país reconozca talento probado y ayude a estas mujeres alcanzar el éxito.

Como previamente mencionado la invasión rusa de Ucrania ha creado otra situación en cuál muchos han y continúan huyendo de su hogar. Mientras escribimos este libro, el resultado final de esta guerra es desconocido. Pero ilustra que una crisis de refugiados enlata impacto a gente de todos niveles socioeconómicos. También es notable, que dependiendo de cómo se resuelva el conflicto, muchos ucranianos pueden desear regresar a casa y reconstruir su país en lugar de ser inmigrantes permanentes en otras naciones.[55] Por lo tanto, la huida de Ucrania es temporal o causará un cambio permanente en las poblaciones de los países de acogida, sigue siendo una pregunta abierta. Pero parece muy probable que muchos refugiados ucranianos sufran de trastorno de estrés postraumático.

Historia y Contextos Culturales: Relaciones entre eventos traumáticos y síntomas "nerviosos" posteriores o psicológicos. han sido reconocidos a través de la historia humana. Estas relaciones han tenido etiquetas tales como *sustos*, (alma pérdida o miedo del alma) en las culturas latinoamericanas,[56] y ataques *khyál* ataques (de viento) en las tradiciones camboyanas.[57]

En las sociedades Occidentales esto se conoce y es ahora llamado PTSD, pero tiene una multitud de etiquetas previas. En el Siglo 19º se incluyó como "*shock nervioso*".[58] En el campo militar de durante las primeras décadas de 1870, en la Guerra Civil de los Estados Unidos, los registros de guerra describen una condición llamada "*corazón de soldado*" o "*corazón irritable*" conectado con el estrés del combate.[59] Luego en la Primera Guerra Mundial, una condición llamada "*choque de proyectiles*" fue descrito.[60] Durante la Segunda Guerra Mundial, el término "*choque de proyectiles*" fue reemplazado gradualmente por "*neurosis de combate*".[61] Otras etiquetas usadas a través del tiempo han sido "*neurosis de terror*" "(*schreckneurosa*), "*reacción neurótico agudo,*" "*neurosis activado,*" "*síndrome de ansiedad post accidente*" e "*histeria postraumática*".[61] Durante el conflicto entre los Estados Unidos y Vietnam "*fatiga de batalla*" era frecuentemente discutido. Finalmente, en el año 1980 "*trastorno de estrés postraumático*" se convirtió en el término oficial para este problema.

¿Por qué algunas personas desarrollan dificultades psicológicas a partir de trauma y otros no? Factores genéticos, físicos y sociales hacen que algunas personas sean más susceptibles para el desarrollo del TEPT después de una experiencia traumática. La combinación del trauma pasado y los factores estresantes continuos a largo plazo pueden empeorar los síntomas y pueden ser particularmente comunes entre personas quienes han vivido migraciones forzadas peligrosas. Éste fenómeno es a veces referido como TEPT complejo en la literatura científica. En uno de nuestros estudios, por ejemplo, encontramos que los inmigrantes del Medio Oriente y África Oriental que habían experimentado múltiples traumas en sus vidas tenían más y síntomas más fuertes que aquellos quienes no vivieron tales experiencias.[31] Dado este tipo de evidencia el TEPT complejo probablemente será considerado para inclusión en ediciones futuras de la Clasificación Internacional de Enfermedades.[62]

En resumen, los criterios, parafraseados del DSM-5 utilizados para diagnosticar el TEPT y complementados con algunos ejemplos específicos para poblaciones inmigrantes son:

A. La persona ha experimentado un evento que amenazó a su persona o a alguien con muerte, herida seria, o violencia sexual en una (o más) de las siguientes formas:

1. La persona ha experimentado directamente un evento o eventos traumáticos. Entre las personas que han tenido que huir de su país de origen (y / o están en camino a un nuevo país), esto puede incluir ser herido, violado, torturado, robado o dañado en alguno otro sentido.

2. El individuo fue testigo personal del evento (s) mientras ocurrió, les sucedió a otros, como amigos o familiares. Esto también es una experiencia común entre las personas que han sufrido migraciones forzadas.

3. La persona se ha enterado que uno o más eventos traumáticos le sucedió a un miembro familiar o amigo cercano. Tal evento o eventos deben haber sido física o psicológicamente muy violento. Para algunas personas por ejemplo el aprender que sus seres queridos han sido matados, secuestrados o perdidos, así como cuando su estado y paradero son desconocidos. A veces la gente nunca aprenderá de lo que les sucedió a sus seres queridos.

4. La persona repetidamente escucha acerca de los detalles involucrados en el evento o eventos traumáticos. Por ejemplo, las personas pueden ver los restos de un ser querido incluso si no vieron la muerte en sí, o escuchar repetidamente los detalles de la muerte o lesión grave de un ser querido o de otros. Cobertura mediática de la guerra de Ucrania que muestra a civiles asesinados que yacen en la calle es un triste ejemplo.

B. Uno (o más) de los siguientes síntomas asociados con el evento o eventos traumáticos son experimentados:

1. Recuerdos repetidos, no deseados y angustiantes del evento o eventos traumáticos. La gente trata de evitar estos recuerdos, pero frecuentemente no lo pueden lograr.

2. Sueños angustiosos / pesadillas repetidas relacionados con el evento o eventos traumáticos.

3. Experiencias en las que la persona siente o actúa como si el evento traumático estuviera ocurriendo otra vez. En casos extremos, las personas están tan abrumadas por tales experiencias que no son conscientes de su entorno real en el momento.

4. Angustia psicológica intensa o prolongada al experimentar sensaciones, ver lugares o escuchar cosas que los recuerdan de su experiencia(s) traumática(s). Un ejemplo puede incluir ruidos fuertes que para ellos son igual que las explosiones que escucharon durante la guerra o informes de noticias sobre accidentes o desastres.

5. Reacciones importantes físicas a circunstancias que simbolizan o se asemejan a un aspecto del evento o eventos traumáticos que la persona había experimentado. Esto puede incluir un aumento en los latidos del corazón, el sudor, las náuseas y otros síntomas físicos.

C. Una tendencia constante para evitar varios recordatorios conectados con el evento o eventos traumáticos. Esto puede enlatar uno o ambos de los siguientes:

1. Las personas con TEPT tienden a hacer (a menudo sin éxito) esfuerzos para evitar recuerdos, pensamientos o sentimientos que en algún sentido este ligado con el evento traumático(s).

2. Las personas con el TEPT tienden hacer esfuerzos a evitar /recordar personas, lugares, situaciones y otras circunstancias que producen recuerdos angustiantes del trauma que han experimentado.

D. Cambios negativos en los pensamientos y el estado de ánimo relacionados con el evento(s) traumático(s). Estos comienzan o empeoran después que los eventos del trauma han ocurrido, e incluyen dos más de los siguientes desafíos:

1. Dificultades para recordar algunos detalles del (los) evento(s) traumático(s) (aunque otros detalles pueden ser bastante vívidos). En este caso se presume que los problemas de pensamientos y memoria no son causados por lesiones en la cabeza, el uso de alcohol o drogas, u otras cuestiones psicológicas.

2. Creencias y expectativas constantes y exageradas (por ejemplo *"soy una mala persona"*. *"Las cosas malas que sucedieron fue por culpa mía"*, *"No se le puede tener confianza a la gente de este mundo"*. *"El mundo es completamente inseguro"*)

3. Pensamientos constantes e inexactos sobre la causa y/o los resultados del evento traumático que lleva a las personas culparse a sí mismas y o a otros.

4. Sentimientos persistentes de miedo, horror, enojo, culpa o vergüenza.

5. Falta de deseo de participar en actividades que en un tiempo les era agradable. A veces esto implica casi la retirada completa de los demás.

6. Sentirse desconectado de otras personas, incluyendo los amigos y familiares.

7. Una incapacidad constante de poder sentir emociones positivas como la satisfacción o el amor.

E. Aumento de reacciones negativas que comienzan o empeoran después de haber experimentado uno o más eventos traumáticos. Esto usualmente implica dos o más de los siguientes:

1. Comportamiento malhumorado o arrebatos de ira (por poca o ninguna razón) son típicamente expresados como ataques verbales o físicos hacia personas u objetos.

2. Comportamiento imprudente o autodestructivo. (esto es particularmente verdadero en niños quién tienen el TEPT.)

3. Hipervigilancia. (Este es un estado mayor de alerta. Las personas que están experimentando TEPT están sumamente alerta a peligros ocultos aun, cuando no existen amenazas reales).

4. Respuestas de sobresalto amplificadas. Las personas con antecedentes de trauma tienden a sorprenderse y asustarse fácilmente por ruidos o movimientos inesperados.

5. Problemas para concentrarse. (Muchas personas con TEPT grave están tan enfocados en sus pensamientos perturbadores sobre el trauma pasado que tienen problemas en poner atención a su entorno actual. Pueden expresar esta condición como *problemas de memoria*. Pero la verdad es que no pueden recordar lo que no podían concentrarse para empezar).

F. Problemas sustanciales para dormir, incluyendo pesadillas, causados por pensamientos difíciles y no deseados sobre el trauma.

G. La duración de los problemas enumerados anteriormente es más de 1 mes. Si es menos de un mes un diagnóstico diferente llamado *"desorden de estrés agudo"* se aplica.

H. La perturbación causa angustia y/o problemas sustanciales para la gente en situaciones sociales, en el trabajo o en otras actividades de la vida cotidiana. Algunas personas, por ejemplo, se vuelven tan atraídas y desorientadas que no pueden ir de compras, se pierden cuando salen de su casa y necesitan de la ayuda de otras personas para la mayoría de las actividades rutinarias.

I. Los síntomas descritos anteriormente no fueron causados por una sustancia (por ejemplo: medicamentos, alcohol o drogas recreativas) u otras condiciones médicas. Existen personas que usan drogas en un esfuerzo para hacer frente a sus problemas. Ciertamente la automedicación con drogas o alcohol puede crear sus propios problemas (como la paranoia). La investigación ha demostrado que la combinación de TEPT y el abuso de sustancias es común en las poblaciones inmigrantes.[63] Pero para poder diagnosticar TEPT o abusos de sustancia (o un aumento substancial de dicho abuso) debe ser en respuesta a una experiencia traumática.

Es importante tener en cuenta que algunas personas que actúan en alguna forma de autodefensa pueden haber cometido violencia. En este caso, pueden sufrir el consiguiente trauma psicológico.[64] Por ejemplo, los niños quiénes son forzados ser soldados sienten que no tenían otra opción en el asunto.[65] Incluso los adultos en la vida civil puede que hayan experimentado situaciones en las que cometieron violencia bajo amenaza y así evitar ser atacados ellos mismos. En resumen, las experiencias de trauma no siempre implican una clara distinción entre *"víctimas"* y *"criminales"*. Estas dos categorías a menudo se pueden solapar. Como hemos discutido previamente, las personas que fueron forzadas a pelear con otros o ser matados ellos mismos pueden ser identificados como enemigos por sus compañeros inmigrantes. Esto hace cuestiones jurídicas y morales complejas una vez que llegan a otro país.

Mientras que el TEPT es provocado por experiencias medioambientales, también puede producir cambios físicos en el cerebro.[66] Cómo reacciona automáticamente el cerebro del trauma cuando percibe peligro tiende a cambiar. Por ejemplo, los investigadores han analizado la forma en que nuestros sesos reconocen las amenazas. En la gente quiénes han experimentado el trauma, la parte primitiva del cerebro ve peligros en todas partes y esto puede causar una reactividad dramática. En contraste, las personas sin una historia de trauma sustancial tienden a interpretar las cosas como más manejables. En general, las experiencias traumáticas tienden a cambiar la forma en que percibimos los peligros y así decidir cómo responder (ambos en términos de nuestras acciones y sensaciones físicas) al percibir amenazas.

Como resultado las personas con el TEPT tienen problemas filtrando situaciones en que la practica realidad no son muy peligrosos. Esto se vuelve un hábito de ser automáticamente afligido por eventos inesperados. Haber experimentado circunstancias peligrosas e impredecibles hace que las personas se sobresaltan fácilmente (por ejemplo, cuando alguien va caminando detrás de ellos). Como se mencionó en los criterios de diagnóstico previamente discutidos para el TEPT, a menudo estas personas son particularmente *"desencadenado"* por recuerdos de traumas pasados. Esto no es necesariamente una reacción consiente o voluntaria, sino que implica respuestas automáticas de *"lucha o huye"* en partes más básicas del cerebro (por ejemplo, la amígdala).[67] En resumen, el cerebro pasa por alto el análisis racional y pasa directamente de la calma relativa a un miedo extremo que puede no ser proporcional al nivel de peligro real. Las personas con tales experiencias suelen estar demasiado vigilantes, ya que anticipan y crean maneras para impedir la próxima catástrofe.

Otra reacción común al trauma es la ira. El Centro Nacional para PTSD en los Estados Unidos lo describe [68] como un *"pedazo núcleo de la respuesta de supervivencia en los seres humanos"*. En situaciones peligrosas, nos puede dar la energía necesaria para poder sobrevivir. Pero si el estar enojado se hace un hábito, esto causa problemas obvios en nuestras vidas.

Hay pistas cuando las personas están reaccionando a algo en su pasado que no han podido resolver. Frecuentemente hablan en términos en absoluto, comúnmente usando las palabras *"nunca"* y *"siempre"*. Dificultades menores se perciben como extremas. Estas personas tienden a verse a ellos mismos como víctimas en lugar de sobrevivientes.[69] La ansiedad con regularidad se demuestra con enojo y rabia. Sin embargo, la investigación también sugiere que los pensamientos positivos pueden resultar en un mejor funcionamiento físico en el cerebro.[70] En otras palabras, existe la esperanza que podemos superar problemas aun en nuestro cerebro físico.

Este libro sería incompleto sin mencionar el *"trauma vicario"*. Tal trauma se nombra a reacciones emocionales desarrolladas por proveedores de atención médica, trabajadores de servicios sociales, personal de seguridad fronteriza, especialistas en inmigración (por ejemplo, abogados, interpretes), y otros que escuchan acerca de las experiencias difíciles de las personas con las que tienen contacto constante. Ciertamente muchos de los proveedores de atención médica, especialmente en entornos hospitalarios, han sentido tal trauma durante la pandemia del COVID-19 al tratar un número abrumador de pacientes enfermos y muertes día tras día.[71] Del mismo modo, las personas que trabajan con refugiados pueden sentir tales traumas especialmente al oír acerca de y ver las consecuencias de la guerra, la tortura y otras experiencias horribles.[72]

Un concepto algo relacionado es el trauma intergeneracional. Esto implica reacciones traumáticas que se transmiten de aquellos que experimentan directamente los eventos originales a la siguiente generación. Los niños pueden, por ejemplo, "*heredar*" reacciones traumáticas de sus padres. Esto puede incluir oír historias de eventos traumáticos de las personas que lo vivieron directamente. Pero además puede implicar el trasmitir o pasar formas disfuncionales que los adultos han utilizado en sus esfuerzos para lidiar con el trauma.[73]

Además, es importante abordar las conexiones entre el TEPT y las lesiones cerebrales traumáticas (LCT). Las LCT son lesiones en el cerebro, el cráneo y el cuero cabelludo que afectan el funcionamiento mental.

La prevalencia de las LCT en las poblaciones inmigrantes no es bien conocida. Pero se cree que es sustancial entre los refugiados que han sido expuestos a la guerra y otra violencia.[74] En adición puede haber fuertes conexiones entre LCT y TEPT. No es sorprendente que una persona pueda desarrollar el TEPT después de haber experimentado un trauma craneoencefálico. Ambas condiciones también tienden a involucrar condiciones similares. Síntomas tales como problemas para dormir, concentración, memoria y humor.[75] Los problemas asociados con las

LCT se vuelven más complicados si los servicios médicos son pocos (o no existen) disponibles en el momento de la lesión. Es importante que los pacientes rastreen y compartan por completo su historial de trauma físico cuando reciben ayuda médica. De esa manera el mejor tratamiento puede ser aplicado.

Después cubriremos en este libro las varias formas de tratamiento para el TEPT. Pero hay algunas cosas a considerar primero. Por ejemplo, en nuestra experiencia, las personas con TEPT a veces temen ir a tratamiento, creyendo que se les pedirá que cuenten la historia de su trauma una y otra vez. Hay tratamientos donde ese es el caso, pero tales repeticiones usualmente se dan lugar en clínicas dónde la persona es monitoreada para aliviar la cualquiera reacción dañina.

En nuestra practica privada, dedicamos gran parte de nuestro esfuerzo a pensar acerca de y la planificación el futuro. Existen cinco componentes necesarios para el tratamiento del trauma: las personas necesitan sentirse seguras, aprender estrategias para regular sus emociones, tener apoyo social (por ejemplo, de amigos y familia), aprender a entender mejor trauma y encontrar formas constructivas de usar la experiencia en sus vidas actuales.[69]

> ### Ejemplo: Caso de Joachim Reimann:
> Aquí hay un ejemplo de un paciente que estaba preocupado por tener que contar en terapia su historia una y otra vez:
>
> Aproximadamente hace diez años trabaje con un paciente quién perdió a su esposa e hijos en un desastre aéreo. Él vivía en un país de Sur América cuando sucedió. Sobre el curso de psicoterapia sus síntomas mejoraron y completamos el tratamiento. Él tenía buena educación

profesional y finalmente obtuvo un buen trabajo en otra ciudad de California que estaba a más de 100 millas de distancia. Luego, en marzo de 2014, recibí una llamada inesperada de él. Esto fue cuando desapareció el vuelo 370 de Malaysia Airlines. La cobertura de este evento en las noticias era constante durante semanas. No se podía prender televisor sin tener los últimos datos y detalles. Debido a la similitud entre este desastre y sus propias experiencias, los síntomas del paciente volvieron a resurgir. Mi pensamiento inicial al recibir su llamada dado que ahora vivía lejos, este paciente debería conseguir un psicólogo local que lo ayudara. Sin embargo, el no quiso, ya que yo conocía su historia de trauma y no quería repetirla con un nuevo terapeuta.

La historia tuvo un fin bueno; este paciente en última instancia mejoro. Pero su reacción es un ejemplo útil de cómo un desastre actual y similar a uno previamente experimentado puede despertar malos recuerdos en personas con una historia de trauma.

Una nota final: A lo largo de nuestra práctica, nos hemos encontrado con gente quién a primer rasgo parece tener una disposición de enojo quién responden a problemas menores con rabia, y que parecen tener defectos sustanciales de carácter. También pueden llegar con una variedad de diagnósticos dados por otros médicos. Pero cuando exploramos completamente su historia, resulta que han experimentado un trauma psicológico importante. Como se describió anteriormente, las personas que huyen de la guerra, el crimen y otras amenazas a la vida en su país de origen (así como en su transcurso) son frecuentemente sometidos a eventos traumáticos y esto se convierte en una consideración importante con grupos de inmigrantes. Como Psicólogos con pericia en TEPT en poblaciones de inmigrantes nuestro trabajo es mirar más allá de la ira y problemas emocionales a los factores profundos del trauma que causan tal reactividad.

3

TRASTORNOS PSICÓLOGOS GENERALES

Hasta ahora, nos hemos centrado en los desafíos que los inmigrantes pueden desarrollar por un trauma. Pero como la población amplia, no están inmune hacia otras dificultades. En seguida proporcionamos algunos ejemplos. Con esto no intentamos cubrir el espectro entero de trastornos psiquiátricos conocidos. Más bien, nos centramos en varios que son pertinentes con las poblaciones de inmigrantes.

Una categoría amplia es la ansiedad. Todas las culturas siempre han tenido varios nombres para la ansiedad y sus efectos. Por ejemplo, en español esto ha incluido *ataque de nervios* (*ataque de nervos* en portugués), y apareció por primera vez en la cuarta edición revisada del Manual Diagnóstico y Estadístico de los Trastornos Mentales (DSM-IV-TR)[76] como un síndrome vinculado en la cultura. Proveedores de atención medica necesitan saber cómo ciertos síntomas tienden ser vistos entre los inmigrantes mientras que los inmigrantes mismos se beneficiarían en aprender cómo se describen las dificultades psicológicas en su nuevo país. Esto aumenta las posibilidades de que ambos tengan un marco de referencia común.

Otras condiciones psicológicas incluyen varios tipos de depresión, trastornos psicóticos, trastornos de la personalidad, trastornos de la conducta alimentaria, y trastornos relacionados con el abuso de alcohol y drogas y otras sustancias. Mientras les damos atención en los que tienen relevancia especial para las poblaciones inmigrantes, existen dos consideraciones importantes. Primero cuando es conocido, le damos dirección con qué frecuencia las condiciones ocurren o no ocurren en grupos de inmigrantes. En segundo lugar, es importante entender que la forma en que las condiciones se manifiestan en las personas cambia de una cultura a otra y así se disminuye la oportunidad de un diagnóstico erróneo.

LA ANSIEDAD

Muchas personas tienen algún conocimiento o experiencia con la ansiedad. Síntomas comunes son el nerviosismo, un sentimiento de inquietud, preocupación, pánico, y problemas de dormir. Además, hay síntomas físicos que no son causados por una enfermedad médica, que pueden estar relacionados con la ansiedad. Por ejemplo, el corazón puede empezar a latir rápido y la persona puede sentirse hiperventilando. También pueden sudar, temblar y tener problemas estomacales. Algunas personas entran en pánico (de ahí el nombre "*ataque de pánico*") y creen que estos síntomas significan que están teniendo un ataque de corazón. De hecho, estos miedos aumentan los síntomas aún más.

El tener miedo y ansiedad a corto plazo puede ser útil. En situaciones peligrosas y potencialmente mortales en las que su cuerpo reacciona con aumentos en corazón y tasa de sangre presión y respiración. El cuerpo, además toma otras medidas que ayudan a sus posibilidades de sobrevivir. Pero después de que la amenaza real desaparece, debería tomar alrededor de solo unos 20 a 60 minutos para que el cuerpo vuelva a la normalidad.

La ansiedad se convierte en un tipo de "*desorden*" cuando no solo involucra las preocupaciones cotidianas que tenemos la mayoría de nosotros. Cuando los síntomas de ansiedad son más graves de que los que requiere la situación real esto se vuelve debilitador.

Los niveles de ansiedad problemáticos son bastante comunes. Aproximadamente el 34% de la población mundial tendrá tales problemas en algún punto de su vida.[77] Este número puede, sin embargo, ser bajo, ya muchos problemas de la ansiedad no son reportados.

En términos generales, los inmigrantes recién llegados experimentan trastornos de la ansiedad con la misma frecuencia, o con menos frecuencia, que sus contrapartes nacidas en el país.[78] Pero esto no necesariamente es verdadero entre las personas que han experimentado estrés y trauma en su país de origen y/o de camino a su nuevo país. Además, el estrés que viene con la aculturación una vez que las personas viven en el nuevo país puede tener una influencia. Inmigrantes que han desarrollado una familia fuerte, sentido de comunidad, y sistemas de apoyo tienden a ser menos ansiosos que aquellos que no tienen tales redes. Algunos estudios entre los refugiados sirios han enumerado la prevalencia de ansiedad como 31.8% en esa población.[79]

Existen varios tipos de trastornos de la ansiedad diferentes. Enseguida destacamos algunos de ellos.

Trastorno de la Ansiedad Generalizada (TAG) es una condición en la cual, en lugar de estar ansioso por un par de circunstancias estresantes, la gente se preocupa por muchas cosas casi todo el tiempo. Tal ansiedad persistente tiende a hacerlos batidos y cansados. Tienen dificultades para controlar su preocupación. La ansiedad difusiva constante, los distrae de pensar en planes y acciones que les faciliten resolver tales problemas. Entonces ellos se vuelven inquietos e irritables, experimentan dificultades para concentrarse y no duermen bien. Estos síntomas también interfieren con su capacidad para funcionar en situaciones sociales, en el trabajo y en otras actividades.

Trastorno de Pánico con Agorafobia. Aquí las personas tienden a experimentar "*ataques de pánico*" que incluyen una serie de síntomas como dolores en el pecho, corazón, sudoración, y a veces náuseas y mareos.

Porque estos síntomas se sienten como un ataque de corazón, la experiencia crea gran miedo. Esto en sí se convierte un vicioso ciclo: los síntomas y el pánico aumentan el miedo que entonces aumentan los síntomas de pánico aún más.

Aparte de los ataques de pánico, las personas mismas también pueden tener la experiencia de otros problemas. Constantemente se preocupan de tener otro ataque cuál les produce más ansiedad. Además, la gente empieza a evitar cualquier lugar y circunstancias que piensan podría producir otro ataque.[9] Esto a menudo significa evitar las tiendas, conducir un automóvil, viajar por un puente o simplemente estar en una multitud de personas. En algunos casos las preocupaciones acerca de otro ataque son tan grandes que la gente no se siente seguro de salir de sus hogares en absoluto. Como grupo, los inmigrantes no parecen estar a riego superior a desarrollar la agorafobia. Un estudio estadounidense, por ejemplo, no encontró tarifas diferentes substanciales para esta condición entre los inmigrantes mexicanos y sus contrapartes nacidas en el país.[79] De hecho, un estudio escandinavo mostró que los noruegos étnicos eran más propensos hacia la agorafobia que los pacientes inmigrantes no refugiados. Mientras los refugiados tenían tarifas superiores de TEPT y depresión éste era no el caso para la agorafobia.[80]

El Trastorno Obsesivo-Compulsivo (TOC). Personas con TOC tienen pensamientos, impulsos y sensaciones continuos no deseados que les hacen creer que deben repetir comportamientos muchas veces para sentirse menos ansiosos. Algunos ejemplos de los comportamientos obsesivos del TOC pueden incluir el lavado manos y/o comprobar las cerraduras en las puertas. Algunos de estos enfermos desarrollan rituales en los que necesitan verificar un número específico de veces de las cosas. Algunos tienen temores poco realistas sobre de estar contaminados por gérmenes o suciedad. Otros se preocupan excesivamente por la colocación de cuchillos, tenedores y cucharas en la mesa. La colocación de plumas o el papel en el escritorio y otras cosas que si no se organizan perfectamente aun cuando no hace ninguna diferencia práctica. Revisan estas cosas una y otra vez para asegurarse que esta "*correcto*". Este comportamiento es descrito como "*comprobando*".

Mucha gente quienes tienen TOC también puede tener la experiencia de pensamientos o la repetición de ciertas acciones. La diferencia entre aquellos quiénes sí o no tienen este desorden depende de si la ansiedad y el control causan problemas substanciales en la vida de la persona. Algunas personas con TOC creen que su verificación es absolutamente necesaria. Otros saben que estos comportamientos son problemáticos, pero no se sienten capaces de detenerlos. Pueden, por ejemplo, tratar de ignorar los pensamientos problemáticos, pero sin éxito.[11]

Mientras no existen poblaciones inmunes al TOC, los estudios no han vinculado el trastorno con un trauma u otras experiencias de vida que son comúnmente encontrados entre los inmigrantes.[81]

LA DEPRESIÓN Y LOS TRASTONOS BIPOLARES

La mayoría de la gente sabe o conoce algunos de los estados emocionales que constituyen la depresión. Es posible que hayan experimentado tristeza en algunos momentos de sus vidas. Pero la depresión clínica es más grave que la angustia temporaria que sentimos a veces cuando tenemos malas experiencias. Este tipo de depresión a menudo incluye episodios frecuentes de llanto, impotencia y sentimientos de desesperanza, especialmente acerca del futuro. Además, la gente tiende a sentir que las cosas y las actividades que disfrutaban anteriormente ya no son divertidos y que de alguna manera están siendo castigados. Ellos también tienden a tener problemas para concentrarse y dormir. Para muchos de ellos, inclusive también suben o pierden cantidades de peso sustanciales porque comienzan a comer de más o menos de lo que lo hacían en el pasado. En casos más graves, las personas que sufren de la depresión severa empiezan a considerar el suicidio. Existen varios tipos de la depresión. Esta sección proporciona una visión básica y general de estos tipos y cómo algunos inmigrantes son impactados por ellos.

Al igual que con otros síntomas emocionales, los inmigrantes que han tenido experiencias difíciles durante sus vidas tales como la pobreza o la violencia están a mayor riesgo de estar deprimidos. Por ejemplo, un artículo de investigación científico estudio 25 investigaciones previas, donde se encontró que el 15.6% de los inmigrantes de varios países experimentaron alguna forma de la depresión. Los que no estaban empleados y los menos educados tendían a tener más riesgo de desarrollar la depresión.[82] Otro estudio de Suecia encontró que entre los refugiados sirios que se habían reubicado allí, el 40.2% estaban clínicamente deprimidos.[49]

Sin embargo, esta tendencia no se aplica a todos los grupos de inmigrantes. La investigación de Szaflarski y sus colegas[83] mostraron que, en general, los inmigrantes tienen tasas más bajas de depresión que la población nativa en su país de adopción. En general, la investigación ha revelado que, en la población general, el 15.2% había experimentado una recurrencia a alguna forma de depresión a lo largo de sus vidas.[84]

La Depresión Mayor. Si bien la depresión a menudo es provocada por las malas experiencias de una persona, también puede aparecer sin ningún tipo de razón que se identifique. Esto es porque la depresión puede tener orígenes biológicos. El Desorden Depresivo Mayor es uno diagnostico común en esta arena. Los criterios diagnósticos formales incluyen una depresión casi constante, tristeza, pérdida de interés o placer en actividades que previamente fueron divertidos, llanto, sintiéndose muy cansado, problemas para dormir, sentirse impotente, desesperado e inútil, problemas para concentrarse y cambios en el apetito. Es el tipo de ánimo en el que solo quieres quedarte en la cama, cubrirte la cabeza con una sábana y dudas de tu capacidad de sentirte mejor. La Depresión Mayor tiende a interferir con la capacidad de la persona de hacer tareas domésticas básicas. El tomarse una ducha simplemente puede parecer demasiado trabajo. Los pensamientos de suicidio no son infrecuentes para los extremadamente deprimidos.

La Distimia. En algunos casos, el tipo de síntomas comunes en la depresión nos son bastantes fuertes. Pero tampoco desaparecen a través de los años.

La gente todavía podría ser capaz de funcionar en actividades básicas. Pero la distimia se ha descrito como sintiendo caminar con pesas de plomo atado a los pies. Estas personas a veces aún pueden lograr sus metas, pero el esfuerzo toma una energía considerable. Esto puede conducir a una mayor probabilidad de fracaso en las actividades diarias y puede disminuir la confianza en sí mismo.[9]

Trastornos Bipolares. Este trastorno, a veces llamado *"depresión bipolar,"* o *"depresión maníaca"* que incluye los síntomas de la depresión mayor descrita anteriormente. Pero también incluye tiempos cuando las personas tienen mucha energía, están demasiado emocionadas, están motivadas para hacer toda clase de actividades y se sienten invencibles. De pronto parecen ser personas con mucha diversión. Pero gente con este desorden sienten tanta energía, que invariablemente se meten en problemas. Gastan mucho dinero en cosas que no necesitan o hacen malas inversiones. Pueden empezar apostar y no saber cuándo parar. Pueden quedarse despiertos toda la noche. También, pueden participar en actividades del sexo arriesgado con múltiples parejas. Pueden conducir un automóvil o motocicleta de manera peligrosa. Además, se pueden volver irritables y enojados que les puede traer problemas legales.[11]

Las personas con trastorno bipolar generalmente cambian emocionalmente entre la depresión y la manía de varias maneras. Algunos suben demasiado rápido de "arriba y abajo", mientras que otros están deprimidos y la experiencia de manía durante largos períodos de tiempo.

En los casos de la gente alguna forma de depresión severa también puede desarrollar síntomas psicóticos. Estos incluyen volverse paranoico y escuchar o ver cosas que no son reales. Discutimos en mayor detalle los síntomas psicóticos después.

Afortunadamente, la investigación muestra que los grupos de inmigrantes no son a un riesgo mayor de desarrollar el trastorno bipolar que sus contrapartes nativas.[85]

LOS TRASTORNOS PSICÓTICOS

Cuando las personas se preocupan por ser etiquetadas como *"locas"*, a menudo confunden la palabra con síntomas psicóticos. Estos tienden a incluir alucinaciones (ver, oír o sentir físicamente cosas que no están realmente allí) y delirios que incluyen paranoia (por ejemplo, creyendo que la gente les quiere hacer daño cundo la realidad no es así). Las personas con psicosis tienen problemas para hacerse claras cuando hablan con los demás, a veces brincando de un tema a otro de maneras que no tienen sentido. A menudo parecen haber perdido una comprensión del mundo a su alrededor y tienen fantasías extrañas que creen firmemente que son reales. Algunas personas con psicosis se retiran de los demás y no muestran emociones. Los estudios han demostrado remarcablemente que las personas con psicosis experimentan síntomas similares independientemente de que país en el que viven.[86]

Los síntomas psicóticos son frecuentemente asociados con la esquizofrenia. Este trastorno parece desarrollarse porque existen problemas en el cerebro. Por lo tanto, se puede entender como una enfermedad física con indicadores en parte psicológicos. Eso tiene un componente genético para que pueda transmitirse de generación en generación dentro de una misma familia. Pero el tener un miembro de la familia con esquizofrenia no significa que todos en la familia también lo tendrán.

Importantemente la esquizofrenia no es solamente la única enfermedad con síntomas psicóticas. El mismo síntoma también pueden aparecer en personas que están extremadamente deprimidas, tienen lesiones cerebrales, tienen dementa, tienen problemas con su glándula tiroides, han experimentado trauma, tiene reacciones negativas a las drogas o tienen otras varias condiciones. Sabiendo de dónde se genera la psicosis la persona requiere que se tome un análisis cuidadoso por un profesional entrenado y autorizado.

Los estudios han fundado que los síntomas psicóticos tienen a ser más comunes entre los refugiados que huyen de la violencia y la persecución que entre otros inmigrantes o la población en general.[87] Una investigación en Suecia, encontró que todos los tipos de trastornos psicóticos eran más comunes entre los migrantes y sus hijos que entre los individuos nativos. Los riesgos para desarrollar tales problemas fueron más altos en migrantes de África.[85] Otros sementales suecos describen que los refugiados que califican para el asilo son un 66% más propensos a desarrollar esquizofrenia u otros trastornos psicóticos que los inmigrantes que no son refugiados. También eran un 3.6 veces más probables a desarrollar un desorden psicótico que la población nativa sueca.[88]

Estas tendencias han sido observadas en otros países múltiples.[89] En términos generales, los inmigrantes que vienen a Europa de países del Caribe, África, Asia y el Medio Oriente. Estas es tres veces más probables a desarrollar la esquizofrenia que sus contrapartes nativas.[90,91] En resumen, grupos de inmigrantes de diversas partes del mundo tienden a tener tarifas superiores de psicosis que miembros de otros grupos.[92] ¿Por qué puede ser este el caso cuando la psicosis es frecuentemente heredado? Un dicho común en estas situaciones es *"los genes ponen el potencial para psicosis, pero el medio ambiente puede causar que emerja"*. En otras palabras, las personas que tienen una vulnerabilidad hereditaria hacia la psicosis y luego se encuentran en situaciones particularmente estresantes tienen más probabilidades de desarrollar el problema. Los que han experimentado el trauma debido a la guerra o el crimen, aquellos que han tenido algún tipo de herida en la cabeza, y aquellos quienes están bien estresados emocionalmente, están particularmente vulnerables. La discusión anterior acerca de los factores sociales como el estrés de aculturación, y las experiencias de discriminación tienden a exacerbar la angustia.[93]

La psicosis puede desarrollarse en muchos momentos en el transcurso de la vida de la persona. Pero los adolescentes y los adultos jóvenes están a un riesgo mayor, posiblemente debido a se están desarrollando sus cerebros durante ese tiempo.

Podría ser sorprendente saber que en un estudio que cubrió 10 países encontró que la gente con psicosis tendía a tener mejor calidad de vida en los países menos desarrollados que aquellos que vivían en las naciones más industrializadas.[86] De los países estudiados, las personas que viven en la India y Nigeria generalmente estaban mejor. No entendemos por completo porque esto es así. Pero es posible de se deba a que en la India las interpretaciones de síntomas y una cultura que enfatiza la importancia de un apoyo fuerte y mutuo entre los miembros familiares. Los proveedores de servicios de salud mental también son muy respetados. Por consiguiente, es probable que los pacientes están más pronos a seguir las recomendaciones de tratamiento.[94]

No sorprendentemente que la gente quiénes tienen experiencias extrañas pueden preocuparse de que se están *"volviendo locos"*. Si empiezan a escuchar o ver cosas que no se pueden explicar. Pero no todas esas experiencias están conectadas a la psicosis. Sabemos de un cliente en nuestra práctica quién comenzó a escuchar sonidos extraños. Aquellos ruidos no parecían ser el escuchar voces que le estaban hablando, y eran inesperados hacia la psicosis en este paciente. No es sorprendente que la persona se empezó a preocupar por lo que le estaba pasando. Después de explorar el problema en detalle, fue enviado a un audiólogo para el reviso de sus oídos. Finalmente, la receta de un audífono corrigió el problema de los sonidos extraños. Esto no excluyo que el paciente no tenía otras dificultades psicológicas. Pero al menos un problema importante también fue resuelto.

LOS TRASTORNOS DE LA PERSONALIDAD

En nuestro libro Inmigrante *Conceptos: Vías de la vida hacia la integración* describimos algunas circunstancias en las que la forma en que una persona intercambia con el mundo pude crear problemas y dificultades para ellos y para las personas que están cerca de ellos. Los trastornos de personalidad pueden causar o intensificar las dificultades existentes para las personas que migran.

Las descripciones formales de los trastornos de la personalidad los definen como formas de pensar a plazo largo, y de actuar profundamente arraigadas y poco saludables. Las personas con trastornos de personalidad frecuentemente son impulsivas y fácilmente disgustados. Estos hábitos tienden a causarles problemas en sus relaciones con otras personas, sus actividades sociales, en el trabajo y en la escuela. Los trastornos de la personalidad generalmente comienzan en la adolescencia y en la juventud. Es importante notar que algunas de las maneras de actuar entre las personas con trastornos de personalidad pueden ser vistos como bastante común. Además, las formas de expresión emocional tienden a variar según las normas y el contexto cultural de la persona. Lo que diferencia a las personas con un trastorno de la personalidad de los demás es 1) los extremos a los que toman actitudes y comportamientos disfuncionales cuando tratan con el mundo y 2) sus síntomas empiezan a crear problemas para si mismos.

A menudo, las personas no se dan cuenta de que tienen un trastorno de la personalidad. Su sentido de pensamiento y comportamiento les parece perfectamente normal para ellos. Por consiguiente, tienden a culpar a los demás por sus problemas, son impulsivos, y se molestan fácilmente cuando las cosas no se hacen de manera que ellos prefieran. Personas con trastornos de la personalidad y que también tienen otro diagnostico psicológico se sienten emocionalmente frágiles y frecuentemente utilizan servicios de emergencia, incluyendo la hospitalización psiquiátrica más a menudo que otras poblaciones.[95]

¿Son los trastornos de la personalidad un problema específico para los inmigrantes? Algunas investigaciones dicen que esto es poco probable. De hecho, un estudio estadounidense encontró que, en la primera generación, los inmigrantes fueron menos probables de ser diagnosticados con un trastorno de la personalidad que los estadounidenses.[96] Resultados similares han sido encontrados en Europa.[97] No obstante creemos importante destacar que las dificultades experimentados por aquellos inmigrantes que, si tienen un trastorno de la personalidad porque, cuando ocurren, tales trastornos tienden a causar problemas sustanciales para ellos, así como para sus amigos, familiares y otros a su alrededor.

Además, nuestra experiencia clínica muestra que algunas personas que han sido diagnosticadas con un trastorno de la personalidad realmente sufren de un historial de trauma con síntomas que parecen ser basados en la personalidad aun cuando existe una mejor explicación de lo que están viviendo.

Hay muchos trastornos de personalidad diferentes. Siete básicos son brevemente descritos en seguida. Además, señalamos cualesquiera tendencias relacionadas con esos trastornos en la población inmigrante.

El Trastorno de la Personalidad Paranoide se define por una constante desconfianza o sospecha hacia los demás. Las personas con este trastorno perciben a los que los rodean como usureros y dispuestos a engañar, estafar, y de otra manera hacerles daño aun cuando no existe evidencia de que esto es verdadero. Amigos y familiares a menudo parecen sospechosos para aquellos afligidos con el desorden de personalidad paranoica. Estas personas tienden a estar obsesionadas con sus sospechas, constantemente esperando que se aprovechen de ellas. Incluso comentarios, eventos rutinarios son vistos como amenazantes. Esto limita su capacidad para confiar y buscar ayuda de amigos, familiares y profesionales.[11]

Cabe señalar que la paranoia también puede ser parte de otros trastornos mentales. Sin embargo, hay que reconocer que a veces si existen personas que nos quieren dañar de alguna manera. Así que el dicho de "*solo es paranoia si no es verdad*". vale la pena recordar.

Información acerca de cualquiera conexión entre el desorden de personalidad paranoide y grupos de inmigrantes es muy limitado. Pero es importante decir que una historia difícil de trauma enfrentado por algunos grupos de inmigrantes los conduce a ser más cautelosos o defensivos. Cualquier prejuicio que enfrenten en su país de adopción puede aumentar sus sentimientos de desconfianza, que a veces pueden ser identificados erróneamente como un trastorno de la personalidad paranoide.[98] Un estudio europeo sobre este tema revela que las actividades paranoides eran "*típicas*" entre los trabajadores migrantes. Pero no está claro si algún historial de trauma y/o discriminación fue considerado al usar ese término.

Trastorno de la Personalidad Esquizoide se caracteriza por una constante falta de deseo de tener relaciones cercanas con los demás. Gente con este desorden son usualmente solitarios y no obtienen placer o consuelo de las relaciones sociales. Ellos tienen pocos si algún amigo(s), no les importan los elogios o las críticas, y parecen emocionalmente fríos y desinteresados. Esto los separa del consuelo y el apoyo de amigos y miembros de familia que a la mayoría de los demás que obtienen ayuda.[11] El autor John Robert Chaney[99] quien se reporta a sí mismo como tratando de hacer frente al trastorno de la personalidad esquizoide, señala que las personas con este problema tratan de utilizar su vida de fantasía como una forma de sobrellevarlo. Pero esa estrategia no funciona. No tenemos conocimiento de ningún estudio que demuestre que los inmigrantes son particularmente susceptibles hacia el desorden de personalidad esquizoide.

El Desorden de Personalidad Antisocial es caracterizado por un sentido que es indiferente y a menudo viola los derechos de los demás. Gente con este desorden tienden a ser engañosos. Siempre buscan su beneficio personal independientemente del costo hacia los demás y son indiferentes acerca de su comportamiento. A menudo cometen crímenes, son impulsivos y pueden ser peligrosos. En otras palabras, si existe una personalidad criminal básica, es esta. Notablemente, este es el único trastorno de la personalidad que no se puede diagnosticar hasta que la persona sea adulta (al menos 18 años). Las características del desorden de personalidad antisocial probablemente son muy evidentes a temprana edad. Pero en adolescencia esto es llamado *"desorden de la conducta".*[11]

Se podría suponer que los terroristas, por definición, tienen una personalidad antisocial. De hecho, se ha argumentado que existe cierta superposición entre estas dos circunstancias.[100] Pero muchos de los grupos terroristas están comprometidos con una causa que, a sus ojos, es más grande que ellos mismos.[101] No importa cuán equivocados sean esos puntos de vista, ellos no caben en las características egocéntricas de un trastorno de personalidad antisocial. De cualquier manera, es más probable que los inmigrantes desplazados y refugiados han decidido huir de tales personas en lugar de compartir sus ideologías. Por lo tanto, el desorden de la personalidad antisocial no ha sido identificado como particularmente común entre poblaciones de inmigrantes. Sin embargo, es ciertamente posible que algunas personas que pertenecen a grupos criminales o terroristas nefastos busquen entrada en un país nuevo y así cometer crímenes y expandir el territorio de sus organizaciones. También es importante que nos mantengamos siempre alerta a tal posibilidad.

El Trastorno de la Personalidad de Tipo Límite por lo general, implica problemas sustanciales en las relaciones personales. Gente con este desorden frecuentemente son muy impulsivos y se preocupan de ser abandonados. A primera impresión, pueden parecer amantes de la diversión, atractivos y emocionantes. Pero sus relaciones suelen ser inestables. En adición las actitudes cambian rápidamente de un extremo a otro. Un minuto las cosas son absolutamente maravillosas, luego al siguiente son totalmente horribles. Gente con este tipo de desorden de personalidad tienden a ser fácilmente molestos y enojados. La impulsividad y la inestabilidad emocional también pueden resultar en comportamientos imprudentes, como gastar mucho dinero en cosas que no son realmente necesarias el sexo inseguro, abuso del alcohol y drogas o sustancias, la conducción imprudente, atracones, amenazas suicidas y conductas autolesivas como cortarse.[11]

La investigación sobre este trastorno de la personalidad entre los diversos grupos de inmigrantes y étnicos es mixto. Un estudio encontró tarifas superiores de este problema en poblaciones de Latinos/Latinas comparado con caucásicos y negros que buscaban servicios de salud mental.[102] Pero en general, la investigación no ha demostrado que los inmigrantes corren un riesgo particular de desarrollar un desequilibrio de la personalidad de límite en comparación con sus contrapartes nativas.[103] Pueden, de hecho, que sea menos probable que se le diagnostique esta afección que en poblaciones nativas.[104] Otro investigador ha argumentado que tal vez las normas culturales en el país de origen de los inmigrantes están más claramente definidas y se cumplen. Pero es probable que surjan rasgos adyacentes en una nueva cultura con reglas diferentes.[105]

A través de nuestra practica hemos encontrado a personas que a primera vista parecen tener estos rasgos. Pero a través de un asesoramiento más completo, se hace evidente que las inestabilidades emocionales y sociales, la ira y la imprudencia están más estrechamente ligadas a un trauma pasado. Por lo tanto, lo que parece ser un trastorno de personalidad es realmente TEPT.

El Trastorno de la Personalidad Histriónico implica un patrón a largo plazo de ser demasiado emocional y en busca de atención. Personas con este trastorno siempre tienen que ser el centro de atención y se vuelven muy molestos si se sienten ignorados. Para llamar la atención, pueden ser muy seductores sexuales y provocativos. La apariencia física se vuelve extremadamente importante y la forma de hablar de una persona histriónica es demasiado dramático con emociones exageradas.[11]

No parece haber investigaciones que aborden los enlaces entre el trastorno de la personalidad histriónico y los inmigrantes. Pero es importante repetir que los que es aceptable y esperado en cuestión de la expresión emocional tiende a variar de cultura en cultura.

El Trastorno de la Personalidad Narcisista implica un patrón en que las personas tienen una tendencia extrema a admirarse a sí mismas y esperar admiración de los demás. Porque su centro de atención está en ellos mismos, la gente con este desorden frecuentemente tiene falta de compasión hacia los demás. El trastorno lleva el nombre de un personaje de la mitología griega que se enamoró de su propia reflexión en una piscina de agua en la que se pasó mirándose por el resto de su vida.

Como ese personaje, las personas con el desorden de la personalidad narcisista tienen un grande sentido de su auto-importancia. A menudo necesitan la completa admiración de los demás e inflan sus éxitos y talentos. Constantemente están inmersos en fantasías de su poder, inteligencia y belleza. Dado su enfoque personal, frecuentemente explotan a otros ya que su empatía está reservada solo para ellos mismos.[11] Debido a que carecen de la empatía, algunas personas han llevado sus comportamientos negativos a un extremo particular. Se creen ser especiales y esto los coloca por encima de los demás y permite que ignoren las reglas sociales, son agresivos e incluso se pueden volver sádicos. Esta condición suele ser llamado narcisismo maligno.

Para nuestro conocimiento no existe evidencia clara que muestra que el desorden de la personalidad narcisista está particularmente extendido entre poblaciones inmigrantes. Algunos psicólogos, sin embargo, argumentan que el narcisismo en las poblaciones del país anfitrión expresado como el nacionalismo y el patriotismo, pueden conducir a la discriminación contra los inmigrantes.[106]

El Trastorno de la Personalidad Obsesivo-Compulsivo involucra a las personas que están obsesionados con ser ordenados hasta el punto de la perfección. Su enfoque exclusivo es muy rígido y orientado a los detalles y, a menudo, tan intenso, que oscurece su intención original. Intentos para alcanzar la perfección puede interponerse en el camino de terminar una tarea. Este enfoque hace que sea más difícil para la gente con el trastorno de la personalidad obsesivo-compulsivo partic-ipe en actividades recreativas y con amigos.[11] La investigación disponible no ha mostrado que los inmigrantes están a un riesgo particular de desarrollar el desorden de la personalidad obsesivo-compulsiva.[96,102]

No es sorprendente que los estudios hayan relacionado un riesgo mayor de desarrollo de trastornos de personalidad, par-ticularmente aquellos que involucran sospecha y retraimiento social a inmigrantes que han sido sometidos a violencia repetida.[107]

TRASTORNOS DE LA CONDUCTA ALIMENTARIA

Cuando se trata de comportamientos alimentarios, el Diagnóstico y Estadístico Manual de Trastornos Mentales 5º Edición se centra en dos trastornos principales: anorexia nervi-osa y bulimia. Las personas con anorexia se caracterizan por un peso corporal muy bajo, tan bajo que puede poner en peligro la salud y la vida. Estos pacientes tienen un miedo intenso a aumentar de peso y se mueren de hambre o siguen dietas extremas para mantenerse delgados. También pueden abusar de laxantes y otro medios de dieta. Sin embargo, el perder peso no hace que realmente se sientan mejor, porque se preocupan de no estar lo suficientemente delgados.

La bulimia tiene algunas cosas en común con la anorexia. También es un trastorno alimentario grave y potencialmente mortal. Una diferencia es que la gente con bulimia tiende comer una cantidad excesiva de comida en un plazo de tiempo corto (2 horas o menos). Después, se comprometen en esfuerzos poco saludables para deshacerse de lo comido, a menudo haciéndose vomitar así mismos. También pueden usar laxantes, medicamentos, ayuno o demasiado ejercicio.

Ambos trastornos tienen poco que ver con el sobrepeso y son esfuerzos dañosos para tratar con problemas emocionales. La idea de un cuerpo delgado está conectada con verse mejor, por lo tanto, aumenta la probabilidad de ser valorado y aceptado por los demás.

¿Qué criterios se utilizan para determinar el peso "saludable de una persona?" Una medida común es el Índice de Masa Corporal (IMC) que considera la altura y el peso de una persona. Básicamente, la fórmula es IMC =kg/m2. Kg es el peso de una persona en kilogramos m2 es la estatura en metros. Este cálculo proporciona un número entre 19 y 54. Menos del 18.5 se considera *"peso bajo"*, 18.5 a 24.9 se considera peso *"normal"*, del 25 al 29.9 es etiquetado *"sobrepeso"* y más de 30 se considera *"obeso"*.

El IMC es generalmente útil cuando se aplica a adultos de 18 a 65 años. Pero también tiene limitaciones sustanciales. Por ejemplo, el IMC no es útil cuando se aplica con atletas como culturistas y corredores de larga distancia porque no considera la diferencia entre el peso de los músculos y la grasa. Entonces, un atleta con un IMC alto puede ser muy saludable. Además, no se aplica a las mujeres que están embarazadas, los niños que todavía están creciendo y la gente de mayor edad.

Los inmigrantes tienden a tener tasas más bajas de bulimia y anorexia que sus contrapartes nativas. Esto se ha encontrado tanto en familias inmigrantes de primera como de segunda generación cuando ambos padres no son nativos.[108]

Pero el tema del peso corporal en las poblaciones inmigrantes requiere consideraciones que van mucho más allá de los diagnósticos de bulimia y anorexia. Cómo los individuos y las sociedades entienden el peso varía de cultura en cultura. Algunas culturas africanas y árabes, por ejemplo, tradicionalmente han visto el pesar más, como una manera de firmar riqueza, fuerza, belleza, poder y fertilidad.[109,110] Puede ser que en esas sociedades dónde los víveres no son abundantes creen que el peso representa tener más ganancia y por lo tanto pueden permitirse obtener mucha comida (y por lo tanto tener éxito). Un estudio que observo a los refugiados de la parte occidental del desierto africano del Sahara encontró una preferencia por un tamaño corporal mayor tanto en los hombres como en las mujeres de esa población. Esta tendencia no fue tan fuerte, pero aún notable entre las personas más jóvenes (18-25 años).[111] Tal resultado puede reflejar el inicio de un cambio de actitudes.

El peso corporal tiende a involucrar una mezcla de normas y actitudes sociales complejas. Las ideas sobre lo que define la belleza tienden a angustiar a las personas que no creen que cumplen con esos estándares o que reciban insultos sobre su peso de los demás. Pero también es importante decir que los individuos varían en cómo funciona su fisiología. Así que literalmente un tamaño no encaja para todos. Al mismo tiempo la obesidad se ha relacionado con una serie de enfermedades crónicas que incluyen la diabetes tipo 2, la alta presión arterial, el colesterol alto, las enfermedades del corazón, enfermedad de la vesícula biliar y ciertos tipos de artritis. Por consiguiente, es importante que entendamos los problemas de la obesidad de una perspectiva de salud pública en lugar de preocupaciones sobre la belleza física.

LOS TRATORNOS RELACIONADOS CON EL ABUSO DE SUSTANCIAS Y LA ADICCION

El abuso de sustancia y dependencia son preocupaciones amplias y complejas al nivel mundial. Un informe de junio del 2020 la Oficina Contra la Droga y el Delito de las Naciones Unidas (UNODC)[112] dice que más o menos de 269 millones de personas en el mundo consumieron drogas en el 2018. Esto fue un aumento del 30% sobre los números en el 2009. En adición, más de 35 millones de personas sufrían de trastornos debido al consumo de drogas en el momento de eso informe. El UNODC también informo que mientras la pandemia del COVID-19 causó restricciones fronterizas que ralentizaron el flujo de drogas ilícitas, la escasez resultante (particularmente en opio) también hizo subir los precios y redujo la pureza de tales medicamentos. En respuesta, algunos usuarios cambiaron sus patrones aun usando otros sumamente más peligrosos. Esto incluye inyecciones con sustancias con las que tenían poca experiencia.

El abuso y la dependencia de sustancias traen grandes costos personales y sociales. Los Centros para el Control y la Prevención de Enfermedades (CDC) de los Estados Unidos, por ejemplo, estiman que más de 81,000 muertes por sobredosis de drogas ocurrieron en los Estados Unidos durante un periodo de 12 meses a los fines de mayo en el 2020.[113] Este problema no parece estar mejorando.

El Centro Nacional para el Abuso de las Drogas en los Estados Unidos, estiman que las muertes por sobredosis aumentan en un 4% cada año.[114]

Además, las consecuencias económicas son una gran preocupación. Los costos médicos y legales directos, así como la pérdida de la productividad en el lugar de trabajo se ha estimado en unos $740 billones cada año en los Estados Unidos (NIDA).

Otros costos sociales incluyen el crimen, desempleo, divorcio, accidentes, abuso y violencia doméstica, falta de vivienda y los efectos de las sustancias ilícitas en los niños por nacer. Patrones similares se han observado en muchas otras partes del mundo.

El Abuso de Sustancias en las Poblaciones de Inmigrantes.

Para los inmigrantes y los refugiados a veces traen consigo patrones de uso y abuso de sustancias y otros comportamientos de su país de origen[115] o adoptan las actitudes, comportamientos y normas con respecto al uso/abuso de sustancias que existe dentro de la cultura dominante en los países a los cuales emigran.[116] Esto puede influir el consumo del alcohol (oficialmente prohibido para Musulmanes)[117] y el uso de productos de tabaco (por ejemplo, particularmente alto entre los hombres de Myanmar y bajo entre hombres y mujeres en Etiopía). En una sección anterior de este libro, hablamos sobre las formas en que los inmigrantes tratan de aculturarse a sus nuevos entornos. En el estudio sobre el uso y abuso de sustancias, parece ser que en el caso de los Latinos/Latinas, Asiáticos y otro grupos étnicos, entre los más aculturados existe un conexo con el aumento de uso y abuso de sustancias.[118] Esto parece ser cierto independientemente de la edad en la cual la gente haya inmigrado.[92] Básicamente las tarifas de desorden del uso y abuso de sustancias son sumamente mayores entre los nacidos en el país y menor entre los individuos de primera generación de inmigrantes. Los inmigrantes de segunda generación tienen tasas de abuso de sustancias más altas que sus contrapartes de primera generación.[27,119] Esto parece ser parte de la *paradoja del inmigrante* descrita anteriormente. Los recién llegados son más saludables porque, como se mencionó anteriormente, es más probable que estén protegidos por las normas culturales con las que crecieron en su país de origen. Pero las generaciones siguientes adoptan el comportamiento de la sociedad general en la que se encuentran y así las normas culturales tradicionales se erosionan con el paso del tiempo.

Como notamos de principio a fin este libro, los inmigrantes particularmente los refugiados, a menudo experimentan un gran estrés emocional y trauma físico. Como consecuencia algunos de ellos pueden usar tales sustancias en sus esfuerzos para hacer frente a estos problemas.[120] Esto puede incluir el uso o abuso de drogas que conocían en su país de origen, algunos de los cuáles son no disponibles en su nuevo país. Para lograr una historia precisa del uso de sustancias, los trabajadores de la salud, los proveedores de servicios comunitarios y otras personas que trabajan con inmigrantes deben saber acerca de tales drogas. Aquí señalamos algunos ejemplos:

El estimulante *khat* o *qat* es común en África Oriental. Viene de una planta con flores y puede causar la euforia. De acuerdo con la Organización de Salud Mundial (OMS), *khat* es una droga que produce la dependencia psicológica.[121] Sin embargo, es legal en algunas naciones africanas (por ejemplo, Djibouti, Kenia, Uganda, Etiopía, Somalia y Yemen).[122] Además el *Captagón* (fenetilina), un estimulante sintético, que es popular en Siria.[123] Algunas drogas también se han utilizado en ciertas tradiciones religiosas. Por ejemplo, un hongo que puede causar alucinaciones, llamado (*Amanita muscaria*), se cree ser utilizado en rituales de Asia Central durante más de 4,000 años.[124]

Abuso de las Drogas con Receta: El abuso de medicamentos recetados requiere una mención especial. Esto incluye adicción a medicamentos tales como drogas ansiolíticas (benzodiazepinas), tranquilizantes, estimulantes y, en particular, los opioides. El uso excesivo de opioides (tal como la oxicodona, morfina codeína hidrocodona y fentanilo) es altamente adictivo y potencialmente fatal y lo suficientemente prevalente en lo que se ha creado una epidemia mundial de opioides. Según los informes del Instituto Nacional Sobre el Abuso de las Drogas (NIDA) los Estados Unidos[125] Muertes que involucran sobredosis de opioides creció de unos 21,088 en el 2010 a 49,860 en el 2019. Más de 115 personas mueren cada día por sobredosis de opioides. En adición La Organización de Salud Mundial estima que, en todo el mundo, aproximadamente 0.5 millones de muertes son causadas por el consumo de drogas. Más del 70% de estas muertes son relacionados con los opiáceos.[126]

Los opiáceos son usados para tratar el dolor. Como describimos previamente los inmigrantes de primera generación son menos propensos hacia el uso o abuso de sustancias recreativas. Pero los migrantes que huyeron de la guerra y la violencia en su país de origen y se sometieron a viajes peligrosos tienen más probabilidades de haber sufrido lesiones físicas que resultan en enfermedades y el dolor crónico.[127,128] Esto, a su vez, tiene el potencial de llevar a una amenaza hacia la adicción o la muerte si se abusa de los medicamentos para el dolor.

Los inmigrantes adultos también son más propensos a trabajar en ámbitos físicos y peligrosos dónde la exposición hacia los peligros y accidentes se incrementa.[129] Tales condiciones aumentan sus posibilidades de desarrollar el dolor crónico.[130] Por lo tanto, los proveedores de tratamiento deben tener cuidado de que no agreguen la adicción a los opioides a las circunstancias ya difíciles para estas personas.

> **Ejemplo: Caso de Dolores Rodríguez-Reimann:**
> Aquí describimos un ejemplo de mi practica privada que es demasiado común. Un paciente me informa que requiere y se somete a una cirugía. Una vez en casa y

trabajando para recuperarse, el doctor que lo trata, le receta un opioide analgésico para ayudarle con el dolor. Mientras el medicamento ayuda, el paciente encuentra que el dolor no ha desaparecido. Sin embargo, para el paciente, la angustia de lidiar con el dolor le impide participar en las actividades de la vida rutinaria, incluyendo el ir de compras a la tienda e incluso vestirse por la mañana. Para poderle ayudar mejor, el doctor le suplementa la receta. Antes de darse cuenta del peligro de la adicción aparece, mis pacientes me dicen "el *no poder funcionar sin esas pastillas*".

El Mecanismo de la Dependencia y la Adicción: El abuso y la dependencia de drogas y sustancias es un tema complicado. Ciertamente, no todas las personas que han consumido drogas recreativas se vuelven adictas. Incluso los medicamentos potencialmente adictivos pueden ayudar a tratar problemas sustanciales como la ansiedad y el dolor cuando se toman con cuidado, usados bajo una supervisión médica.

Pero cuando se usan indebidamente, las consecuencias pueden ser graves. Aquí esta alguna información básica. La "*dependencia*" puede ser psicológica, física o, en muchos casos, amabas. Las personas se vuelven biológicamente dependientes de las drogas adictivas cuando las usan regularmente y no parecen poder funcionar sin ellas. Con el tiempo, el medicamento puede volverse menos efectivo y las personas requieren dosis superiores para poder obtener el mismo alivio al dolor u otra experiencia deseada. El término "*tolerancia*" se usa cuando el cuerpo parece necesitar dosis más altas para crear el mismo efecto. El cuerpo también puede volverse físicamente dependiente a la droga. Dejar de tomar la droga resulta en síntomas muy severos. En el caso de la heroína, por ejemplo, los síntomas pueden incluir náuseas, temblores, sudoración, espasmos musculares, agitación, dolores corporales y otros problemas. La duración de estos síntomas depende del individuo. Pero usualmente empiezan dentro de 6-12 horas después el último uso, y alcanza su punto máximo durante 1-3 días y luego comienza desaparece y disminuir durante la siguiente semana. Pero en algunos casos, los síntomas residuales pueden durar semanas, meses o incluso años.

En adición de la experiencia de un sentimiento de aumento en el dolor, el dejar de tomar los opioides puede causar náuseas y vómito, diarrea, aumento de latidos en el corazón y otros problemas.

Las personas son adictas a una droga cuando, además de haberse acumulado una tolerancia física y dependencia, continúan anhelándola, aun después de que cualesquiera síntomas físicos han disminuido. Mucho de esto también es psicológico—*"Simplemente no puedo vivir sin la droga"*. Algunas personas continúan el uso de la droga aun cuando esa elección tiene consecuencias negativas físicas y sociales. Dependiendo de los medicamentos involucrados específicos, los efectos médicos a largo plazo incluyen un sistema inmunitario debilitado, afectos cardíacos, enfermedad hepática, convulsiones, accidentes cerebrovasculares, problemas dentales, defectos en los niños si una mujer está usando drogas durante el embarazo, aumento de las posibilidades de ciertos tipos de cáncer y la muerte. Las consecuencias sociales pueden incluir la pérdida del empleo y de sus seres queridos, la falta de vivienda, los cargos penales y el encarcelamiento.

Los inmigrantes que consumen sustancias, incluyendo los medicamentos prescritos, deben conocer las diferentes leyes relativas a las sustancias. En los Estados Unidos, las leyes de drogas pueden variar de un estado a otro.

La Mezcla de las Drogas y el Uso de Medicamentos No Recetados: En nuestra práctica clínica, nuestros pacientes a menudo nos comentan el probar una medicina que fue recetada para un pariente o amigo porque según ellos, la medicación "*trabajo muy bien para la persona*". Según un informe de la *Pediatría Contemporánea*, el 71% de los analgésicos recetados se obtienen a través de un amigo o familiar a los que se les pide, compra o roba.[131] Con frecuencia, las personas mezclan sus medicamentos con alcohol y drogas recreativas. Esto siempre es una mala idea. Los medicamentos se prescriben para las personas en función de sus necesidades médicas y circunstancias específicas. Incluso aun cuando los síntomas externos sean similares, lo que ha funcionado para tu tía pude ser peligroso para ti. Además, mezclar medicamentos que no han sido recetados para ti, o el mezclarlos con alcohol y / o drogas recreativas, puede, al menos, anular cualquier efecto positivo de los medicamentos y, en el peor de los casos, crear efectos secundarios peligrosos. Los médicos y las farmacias tienen sistemas informativos y conocimiento clínico para ayudar identificar si la mezcla de una medicación pude causar problemas. Nosotros por lo general, no tenemos tales salvaguardias.

Una de las prácticas más peligrosas en los Estados Unidos de lo que hemos escuchado hablar son "fiestas de skittles" (Skittles Parties). El nombre se deriva de pequeños carmelos duros que vienen en muchos colores. En las tales fiestas llamados, las personas (la mayoría de las veces adolescentes) ponen varias pastillas diferentes en un plato. Los participantes entonces se turnan de consumir las pastillas. No tienen la menor idea de qué medicamentos específicos están tomando, o cómo les afectará la combinación de medicamentos han tomado. Además, a veces también, está implicado el alcohol. Estas prácticas vienen con muchos peligros que incluyen dosis desconocidas, alergias hacia una sustancia desconocida, interacciones con otras condiciones médicas y malas reacciones entre las diversas sustancias. Las sobredosis y las muertes bajo estas circunstancias son posibilidades reales. Aunque conocido en los Estados Unidos, este tipo de práctica que no existe en otros países puede crear que los inmigrantes no estén familiarizados con su existencia. Pero dados los riesgos involucrados, los padres deben saber que sus hijos pueden estar expuestos a tales tendencias cuando ellos tratan de integrarse a sus nuevos entornos.

4

PROBLEMAS CRÍTICOS EN
LA SALUD MENTAL

Ciertos problemas asociados con trastornos psicológicos requieren mención especial:

El Suicidio: Las personas que trabajan en el ámbito de la salud mental a menudo describen el suicidio como una *"solución permanente a un problema temporal"*. Aunque la frase probablemente se usa en exceso, también es precisa.

Según la Organización Mundial de la Salud, más de 700,000 personas mueren por suicidio cada año. Éste cuenta por 1.3% de todas las muertes mundiales y fue la 17º causa principal de la muerte en el 2019.[132]

Las personas a un riesgo particular incluyen aquellos que estan muy deprimidos, los que son particularmente impulsivos, los que han experimentado una variedad de estrés y trauma que requieren de una capacidad que esta más allá de lo que ellos sienten, y aquellos que tienen problemas de abuso de sustancias y dependencia. En general, es más probable que las mujeres intenten el suicidio que los hombres. Pero así mismo es más probable que los hombres usen medios más letales que resultan en una muerte real.

Las personas intentan suicidarse por varias razones. Es posible que no vean alguna esperanza en sus vidas y así ven a la muerte como la única salida. Algunos pueden hacer *"gestos"*, lo que significa sus intentos son menos letales. Para las personas que hacen tales intentos probablemente tienen la esperanza que esta acción les traerá atención y ganase ayuda para sus problemas. Algunos se dañan a sí mismos cortándose en sus brazos, piernas u otras partes del cuerpo. Dicen que el sentir el dolor físico los distrae del dolor emocional que están sintiendo. Pero pueden llevar la practica demasiado lejos (como cortar una vena accidentalmente) que resulta en la muerte.

El suicidio es considerado una crisis de salud pública en los Estados Unidos al igual que en otros países. Aquellas personas consideradas a un riesgo particular incluyen miembros del servicio militar, (al igual que los veteranos), gente en la comunidad LGBTQ+, aquellos que sufren de dolor crónico y los estudiantes de la universidad. La última categoría puede ser sorprendente. Pero la investigación ha demostrado que, entre los estudiantes universitarios, el suicidio es la segunda causa de muerte mayor.[133] Dentro de ese grupo, los estudiantes varones tienen aproximadamente tres veces más probabilidades de suicidarse que las estudiantes mujeres.[134]

En Europa, la mortalidad por suicidio entre los grupos de inmigrantes ha sido particularmente monitoreado, dado que hay un número creciente en esa población. Los investigadores, por ejemplo, encontraron que entre los suicidios consumados en Noruega (1992 al 2012) el 10% había tenido un fondo de inmigración. El suicidio era menos común entre los inmigrantes de primera generación. Pero las personas nacidas en el extranjero con al menos un padre nacido en Noruega tenían un nivel de tasas suicidas significativamente mayor que la población nativa entre ambos hombres y mujeres.[135]

Aquí hay otra información de Europa: En Alemania, la mayoría de los grupos de inmigrantes tienen un menor riesgo de suicidio que sus homólogos nacidos en Alemania. Una base nacional de datos de las estadísticas de mortalidad en Alemania ha abarcado 18 años. Esta muestra que las tasas de las nuevas poblaciones de inmigrantes más grandes fueron más bajas comparado con los nacidos en el país alemán. Las condiciones en el país donde se originaron los inmigrantes, y el estatus socioeconómico estaba particularmente relacionado con el riesgo del suicidio.[136]

En el Reino Unido, los datos de varios estudios han demostrado un aumento en las tarifas de suicidio especialmente entre los inmigrantes asiáticos. Los factores sociales y culturales, en particular los de integración social y religiosos, son una parte importante en determinar variables en las tarifas de suicidio. El estrés de aculturación puede ser un factor en este resultado. Desafortunadamente, el acceso al tratamiento para esta población también es bajo debido a tabúes alrededor de que el paciente busque ayuda de servicios de salud mental y la necesidad de aumentar la competencia cultural entre los proveedores.[137] A menudo es sumamente difícil determinar las tarifas del suicidio entre poblaciones de inmigrantes y otros grupos cultural y lingüísticamente distintos. En los Estados Unidos, por ejemplo, los Americanos Árabes son a veces clasificados como *"blancos"* en lugar de su proprio grupo étnico.

Algunos estudios han mostrado que personas de varios grupos demográficos corren un riesgo particular. Estos incluyen mujeres mayores con la depresión no tratada, que nacieron fuera de Escandinavia.[138] No es sorprendente que ambos hombres y mujeres tienen más probabilidades de morir por suicidio si sufren de la depresión no tratada. Un estudio mostró que los hombres casados estaban a un riesgo menos probable a cometer el suicidio. Pero esto no era cierto en el caso de las mujeres. La razón exacta hacia esta tendencia no es clara.[139]

En los Estados Unidos, un aumento en el riesgo de comportamientos hacia el suicidio entre Latinos/Latinas parece estar relacionado con el estrés de inmigración. Además, un estudio que analizó a los grupos latinos en los Estados Unidos (Boston), así como en España (Madrid y Barcelona) encontró lo siguiente: Aquellos que 1) habían experimentado más discriminación 2) tenían menos claridad sobre su identidad étnica, 3) tenían más conflicto con miembros de su misma familia y 4) tenían sentido de no pertenecer en algún lugar estaban a mayor riesgo de suicidarse. Además, las personas que estaban más deprimidas o tenían TEPT también estaban más propensas en pensar acerca del suicidio. Además, el riesgo tiende incrementar con mayor cantidad de tiempo que el inmigrante tiene viviendo en el país adoptivo. Pero si el inmigrante logró asegurar ciudadanía en ese nuevo país el riesgo hacia el suicidio vuelve a disminuir.[140] Es probable que la ciudadanía les permite a los inmigrantes sentirse más fijos, aceptados y seguros.

¿Qué haces si alguien que conoces tiene pensamientos sobre el suicidio o si tú mismo tienes esos pensamientos? A continuación, se presentan algunos aspectos importantes y pasos a tomar si tú o alguien que tú conoces está teniendo una crisis suicida.

Todos los pasos que tomes o para la persona de la que estas preocupada deben enfocarse en mantenerte a ti o a él/ella seguro y protegido. No todas las personas que tienen pensamientos sobre la muerte o que dicen cosas como *"el mundo estaría mejor sin mí"* necesariamente intentará suicidarse. Pero si las personas que tienen tales pensamientos comienzan a desarrollar planes y métodos para matarse, el peligro de que actúen sobre tales planes aumenta substancialmente.

Mientras puede sentirse incómodo y embarazoso es vital el buscar ayuda. Si tú estás teniendo pensamientos de cometer suicidio no te quedes solo. Ponte en contacto con un amigo o miembro familiar de confianza. Busca ayuda de profesionales. Una opción principal en los Estados Unidos es llamar a una línea directa local de suicidio, al número de emergencia 988, o ir directamente a la sala de emergencias de un hospital. (Si se pone en contacto con el numero general de emergencia 911, dile al operador que estas reportando una crisis de salud mental y pide a que un trabajador de emergencia psiquiátrico capacitado acompañe a la policía a donde te encuentres). Otros países también tienen líneas directas para el suicidio. Se proporcionan unos ejemplos al concluir esta sección.

A veces, las personas que deciden suicidarse comienzan, al menos externamente, verse *como estar mejor*. Pero esta presentación es engañosa porque estas personas ya han decidido de un plan de suicidio creyendo que ya tienen un plan claro hacia adelante. Desgraciadamente ese plan los conduce a la muerte. Por lo tanto, es importante mantenerse alerta con los seres queridos que han expresado una ideación suicida independientemente si ellos parecen mejorar o no.

Una práctica usada anteriormente por los terapeutas era el empleo de un *contrato* con pacientes de no hacerse daño a sí mismos. Esto era visto como un acuerdo formal entre el proveedor y el paciente y supuestamente esta acción iba a impedir que el paciente se suicidara ya que al hacerlo involucraría no honrar su palabra. Aun cuando tales contratos tienen un sentido intuitivo, desafortunadamente, han demostrado no ser eficaces.

En seguida presentamos algunos ejemplos de líneas directas de suicidio. Por favor, tenga en cuenta que esta lista no es exhaustiva y puede cambiar con el tiempo. Más líneas directas son publicadas en el Internet. En muchas de estas líneas directas pueden comunicarse con personas que hablan varios idiomas.

En Los Estados Unidos

Prevención Nacional del Suicidio: 800-273-8255

Línea de Crisis de Salud Mental: 988

Número local de Emergencia: 911

En el Reino Unido

Línea Nacional de Ayuda para el Suicidio:

0800 689 5652

En Alemannia

Telefonseelsorge Deutschland: 0800 1110 111

or 0800 1110 222

En España

Linea del Suicido España: 914590050

Para una lista de líneas directas de suicidio más comprensivo en 87 países se encuentra en:

https://en.wikipedia.org/wiki/List_of_suicide_crisis_lines

EL ENOJO

Se dice que el enojo y la alegría son las emociones humanas más comunes. En esta sección enfocaremos nuestra atención en el enojo. Esta emoción tiene una mala reputación. A menudo se considera como cruel y peligroso. Pero el enojo puede ser un mecanismo hacia la supervivencia. Por ejemplo, se ha descrito como una forma de superar el miedo cuando las personas están en peligro de ser atacadas.[141] Al mismo tiempo, el enojo constante puede conducir hacia acciones peligrosas que tienen malas consecuencias, como lesiones e incluso la muerte no solo para uno mismo, sino también para los demás.

Como seres humanos podemos sentir enojo. Es parte de nuestra naturaleza básica. La pregunta es ¿cómo respondemos cuando lo sentimos? Los letrados han identificado tres tipos de enojo básicos.[142] Ellos son:

El Enojo Pasivo o Reprimido: Mucha gente tiene miedo al sentir su propio enojo. Ven la ira como algo fuera de control y sienten que no serían capaz ni la confianza de detener sus impulsos. Por consiguiente, tratan de evitar el conflicto y la confrontación incluso cuando son frustrados. Esto a veces se llama la *"agresión pasiva"*. Tratando de evitar o suprimir su agitación, estas personas se callan, se enfurecen, procrastinan (tardar en hacer las cosas que ocupan hacer), y fingen *"que todo está bien"*. El enojo pasivo viene de una necesidad de sentirse en control de sus emociones. Pero el tratar de ignorar o reprimir el enojo no se logra usualmente. El tratar de hacerlo puede causar la depresión, síntomas físicos de ansiedad como temblores, una pérdida de autoestima y daño en las relaciones. En adición, la gente tiende a atacar a los demás utilizando formas indirectas. Aquí está un ejemplo de un comportamiento agresivo pasivo: cuando se les pide a las personas a que realicen algún trabajo (ya sea en casa o en su lugar de empleo) inicialmente se comprometen en hacerlo. Sin embargo, después empiezan a sentir resentimiento y reaccionan por no acabar el trabajo en el tiempo adecuado, cometen errores intencionales, se quejan de la tarea, tratan de pasar la responsabilidad a otra persona, y más.

Como acabamos de describir anteriormente, las consecuencias de tratar de negar o ignorar la ira pueden tener resultados serios tanto para las personas enojadas como para quienes las rodean. La gente con el enojo se retira, come en exceso, gasta demasiado dinero, se vuelve adicto a los juegos de computadora y actúa en contra de sus mejores intereses. Pero otros que

expresan su enojo abiertamente también pueden atraer consecuencias negativas. Éste es nuestro tema próximo.

La Agresión Abierta: Mucha gente que expresa abiertamente
la rabia y la ira con frecuencia se vuelven verbal y físicamente
agresivos que pueden llegar a lastimarse a sí mismos o a otros.
Esto se conoce como la *"agresión abierta"*. Unos ejemplos son
peleas, intimidación, chantaje, acusación, gritos, sarcasmo y la
crítica. Otros ejemplos de agresión abierta son la rabia al conducir, violencia doméstica y varios otros actos criminales. La
ira agresiva y la rabia también tienden a volverse estados permanentes. Cuando la gente no se sana emocionalmente, esto se
puede convertir en un estado de enojo crónico. En el momento,
puede haber un sentido de alivio, y tal vez inmediatamente
después un episodio de enojo, las personas tienden a sentirse
más relajadas y aliviadas, pero esta sensación no dura. La investigación muestra que, a largo plazo, el expresar enojo negativamente tiende a crear más enojo.[143] Hace que nuestro dolor emocional empeore en lugar de mejorar. Además, el enojo crónico
sido enlazado con consecuencias físicas. Un estado sostenido de
alta excitación puede contribuir al desarrollo de hipertensión
(alta presión sanguínea), problemas en el corazón y la muerte
prematura.

El Enojo Asertivo: Como se describe anteriormente, el enojo
y la ira reprimida o completamente abierta tiende a crear problemas, tanto para las personas enojadas como para las que están
a su alrededor. Esto puede dejar la impresión que el enojo es
algo que siempre hemos de evitar. Pero existe una manera de
tratar el enojo que es más positiva y constructiva. Entonces,
¿qué es lo mejor que podemos hacer? El identificar y aceptar al
enojo y la ira puede ser un buen primer paso hacia la curación.
Por ejemplo, los migrantes que han sido discriminados en su

país de origen y que han recibido mensajes repetidos de que son inferiores, equivocados, inútiles, ignorantes, etc. Si estos mensajes son constantes, ellos mismos pueden empezar a creer que los opresores están correctos. En la arena de la investigación clínica, esto a veces se le conoce como "*internalizar*". La gente cree que el sentirse enojado por su persecución no está justificado. Después de todo, si se creen inferiores, entonces deben merecerlo. Cuando la gente se enoja con aquellos que tratan de subyugarlos, es una buena señal. Significa ya no están dispuestos aceptar más estos mensajes negativos. Éste es un paso hacia ser un sobreviviente en lugar de una víctima.

Aquí el enojo puede ser canalizado en motivación que le permite a la gente ser asertivos. En lugar de atacar y ser amenazador, las personas asertivas se defienden a sí mismas de manera respetuosas y no violentas. Las personas asertivas se sienten confiadas en decir cómo se sienten. Pero también son capaces de escuchar a los demás, buscan entender cómo otros pueden sentir y finalmente resolver problemas de manera constructiva. En resumen, las personas asertivas usan su ira inicial como energía psicológica para beneficiarse a sí mismas, así como a su comunidad y la sociedad entera. Son capaces de perdonar a otros y pedir disculpas cuando las circunstancias lo requieren.

La Ira y el Trauma: No es sorprendente que la ira y el trauma a veces estén ligados. El Centro Nacional del Departamento de Asuntos de Veteranos de los Estados Unidos para el TEPT[144] nos dice cuando bien manejado, el enojo nos ayuda hacer frente a las tensiones de la vida. Nos da la energía requerida para superar los problemas de la vida.

Mucho de nuestro enojo este arraigado en las experiencias pasadas. De hecho, la Dra. Andrea Bryant[69] estima que alrededor del 90% del enojo proviene del pasado. Esto significa que una proporción muy pequeña es inducida por las circunstancias presentes. Si una experiencia actual nos recuerda a un trauma pasado, la respuesta emocional es mucho mayor de lo que sería en otras condiciones. El desencadenante de tal respuesta puede ser bastante pequeño: un sonido o un olor puede ser suficiente para recordarnos de algo malo que hemos vivido. Aprender a identificar y comprender cómo tales desencadenantes aún nos influyen es importante para aprender a canalizar la ira en acciones positivas. Esto resulta en menos estrés y cambios positivos que pueden ayudar tanto a los discapacitados como a la gente de los alrededores.

El enojo entre los inmigrantes: Como se describe a lo largo de este libro, algunos grupos de inmigrantes que huyen de su tierra natal y son sometidos a viajes peligrosos están sujetos a muchas variedades de trauma. En adición, para muchos de ellos se vuelven decepcionados en el nuevo país cuando no tiene todas las ventajas que imaginaban que tendría. A menudo, la ira y la reactividad negativa es el resultado. Cómo se exhibe la ira varía con las diferencias individuales y las normas culturales.[145] Pero para algunos se empiezan a sentir autorizado. En otras palabras, pueden pensar, "yo he *pasado por muchas cosas malas; ya no puedo, así que ahora el mundo tiene que tomar cuidado de mí*". Es improbable que esta actitud pueda ganarles respeto, simpatía o ayuda práctica. Sin embargo, es notable que, en nuestra experiencia clínica, tal actitud no es la norma. Más bien, la mayoría de las personas que vienen a nosotros son genuinamente interesados en la búsqueda de ayuda para mejorar sus condiciones.

EL DOLOR CRÓNICO

El tema del dolor crónico entre los inmigrantes se observa en varias otras partes de este libro. Pero aquí hay unos comentarios adicionales:

Los grupos de inmigrantes, particularmente aquellos que han sido devastados por la guerra, los que han sufrido viajes peligrosos y los que realizan trabajos manuales son particularmente susceptibles a lesiones y al dolor. Además, los cambios en la dieta y el estilo de vida pueden aumentar los riesgos de desarrollar enfermedades crónicas que también incluyen dolor. Aquí hay un breve resumen:

Un estudio de Turquía registró muchas lesiones severas en la cabeza, el cuello, pecho y otras heridas de disparos, bombas y metralla entre las personas civiles huyendo la guerra civil en Siria.[127] Lesiones significativas por violencia mientras los migrantes viajaron a su nuevo país también fueron grabadas.[128]

Además, una vez que los inmigrantes han llegado a su nuevo país, es más probable que terminen en trabajos peligrosos en comparación a sus compañeros nacidos en el país. Esto incluye exposición al calor, pesticidas, productos químicos potencialmente dañinos y peligros físicos que pueden causar accidentes (como caídas).[129]

Las estadísticas han mostrado que el riesgo de una herida en el lugar de trabajo es más alto entre los inmigrantes que entre sus contrapartes nacidas en el país de acogida. Esto es cierto a través de muchos países incluyendo Italia, los Estados Unidos, Canadá y otros partes del mundo.[129,146] Un estudio de España mostro que los inmigrantes de África del Norte están a un riesgo particular. Para las mujeres del norte de África es más probable que sufran quemaduras en su lugar de trabajo. Los hombres de América Latina, del Caribe, África y Europa del Este sufrieron lesiones por objetos extraños con mayor frecuencia. Tales lesiones pueden incluir ser golpeados por un objeto, tener algo en el ojo o tragarse cosas por accidente.[147]

Dados tales riesgos de una herida física, los estudios han fundado que los inmigrantes son más propensos a desarrollar dolor crónico que la población general.[130] Esta observación, sin embargo, no es universal. Un estudio estadounidense, por ejemplo, encontró que niños inmigrantes tenían una probabilidad significativamente baja de lesiones en comparación con sus contrapartes nativas. El nivel socioeconómico no fue un factor en estos resultados.[148]

Cambios en dieta de su país de origen a una distinta en el nuevo país entre algunos grupos de inmigrantes ha resultado en una mayor probabilidad de desarrollar enfermedades crónicas. Por ejemplo, grupos de inmigrantes asiáticos, Negros, y Latinoamericanos tienen tarifas superiores de Diabetes tipo 2 que los Blancos nacidos en los Estados Unidos.[149] La diabetes particularmente si la condición no está bien controlada por medicamentos, puede resultar en un síntoma llamado dolor neuropático. Esto implica dolor en las extremidades y en los pies.[150]

Los estudios han demostrado además que algunas personas con sensibilidad al gluten (varias proteínas que se encuentran en ciertos granos) sufren neuropatía del gluten la cuál causa dolor del nervio o entumecimiento que afecta las manos y los pies. Afortunadamente, este problema poder ser resuelto al adoptar una dieta sin gluten.[151]

El tema del dolor crónico es importante cuando hablamos de las dificultades psicológicas. Hay conexiones sustanciales entre lesiones físicas, dolor y la salud mental entre los inmigrantes.

Un estudio canadiense centrado en estos grupos, por ejemplo, mostró que los trastornos del estado de ánimo y la ansiedad eran significativos y con una mayor probabilidad en particular de herida, los causados por caídas.[152] Además, la combinación del dolor y las dificultades emocionales con frecuencia empeora ambas condiciones, lo que las hace más difíciles de tratar.[153]

EL INSOMNIO

El insomnio es un problema habitual que implica una dificultad para caerse o mantenerse dormido. La mayoría de la gente tiene algunas noches cuando no pueden dormir tan fácil o tan profundamente como les gustaría. Pero el insomnio persistente puede conducir a desarrollar problemas con el pensamiento, el poder recordar y el prestar atención durante el día. Estas condiciones pueden llevar a las personas a tomar malas decisiones, quedarse dormidas mientras conducen un automóvil y tener otros problemas graves. Esto a menudo se define como insomnio crónico, una etiqueta usada cuando los problemas de dormir persisten sin cesar por al menos un mes, y más típicamente, durante seis meses o más.[154]

Problemas de poder caer dormido o despertar varias veces durante la noche y luego el tener problemas de volver a quedarse dormido son provocados por condiciones médicas o psicológicas como la angustia o el estrés o una combinación de tales circunstancias. Condiciones de salud como el asma, el dolor y ronquidos también pueden interferir con el sueño. Por ejemplo, el dolor a veces puede hacer que sea imposible encontrar una posición confortable para dormir.

El insomnio es reconocido como un síntoma más común y reconocido de problemas de salud mental. Estos incluyen la depresión, la ansiedad y el trauma. Es difícil descansar si estás abrumado por los problemas. La preocupación y los pensamientos negativos mantienen a las personas despiertas por la noche. Si has experimentado un trauma, tu mente se vuelve muy sensible a los peligros potenciales (como el despertarse cuando hay ruidos menores en la casa). También puedes tener pensamientos repetidamente en tu mente aun cuando no lo quieras. La mayoría de nosotros hemos tenido la experiencia de tener una canción que se nos queda *"pegada"* en la mente (esto es coloquialmente conocido en los Estados Unidos como *"gusanos en los oídos" "música pegajosa"* o *"síndrome de la canción atascada"*). El pensamiento repetitivo entre las personas que ocupan ayuda es similar, excepto que los pensamientos aún son usualmente más frustrantes.

En resumen, la angustia mental, el dolor crónico y el trauma están todos interconectados y se impactan entre sí. La depresión y la ansiedad puede magnificarse cuando una persona experimenta dolor crónico. Pero esto también puede motivar a las personas a obtener ayuda. Si aprenden métodos de relajación, su dolor físico, así como su angustia emocional les ayuda a disminuir. En seguida señalamos algunos ejemplos de los buenos beneficios para dormir bien y las consecuencias negativas de dormir mal:

El Buen Sueño: Lograr un buen sueño cada noche tiene muchos beneficios. Mejora la concentración, las habilidades de memoria, el estado de ánimo, la presión sanguínea y los sistemas de que nos ayudan a quemar grasa en el cuerpo.[155] Las personas son menos propensas a desarrollar problemas como la diabetes tipo 2, el Alzheimer, osteoporosis y ciertos tipos de cáncer si tienden a dormir bien. Nuestro sistema físico está configurado para funcionar mejor cuando tenemos patrones de dormir consistentes y predecibles. Esto implica tanto el tiempo suficiente como la calidad del sueño. Para obtener más información sobre los detalles implicados puedes buscar información acerca de los *"ritmos circadianos".*

La Falta de Sueño: A pesar de tan claros beneficios, aproximadamente 70 millones de personas en los Estados Unidos no obtienen regularmente noches de dormir bien.[156] Como resultado, los CDC han enumerado el sueño insuficiente como un problema de salud pública. La falta de sueño puede desempeñar un papel en el desarrollo de enfermedades que pueden conducir a una muerte prematura (incluyendo enfermedades del corazón, la diabetes, alta presión arterial y la obesidad). También puede tener efectos decreméntales sobre las funciones cerebrales. Esto puede conducir a aumentos en el riesgo de desarrollar o empeorar la enfermedad de Alzheimer, otros tipos de demencia, trastornos emocionales tales como la depresión, TEPT y la ansiedad general.

¿Qué perpetúa patrones del mal dormir? Un problema identificado en los Estados Unidos y en otros países desarrollados es que la sociedad apoya cada vez más que la gente se mantenga despierta (toda la noche, las 24 horas) con tiendas de comestibles y otros negocios que nunca se cierran y así impiden que las personas tengan ciclos de dormir adecuados.[157] Esto afecta a los inmigrantes, ya que muchos son empleados en trabajos que requieren trabajo por turnos (por ejemplo, en fábricas, almacenes y tiendas de conveniencia).

Estudios internacionales han considerado el impacto de esto en la salud, las emociones y el bienestar general. Han encontrado que las mujeres que trabajan en el turno de noche tienden tener un riesgo mayor del 19% de desarrollar cáncer en comparación con las mujeres que no trabajan de noche.[158] Además, otra investigación que considero 61 estudios e incluyo a casi 4 millones de personas de América del Norte, Asia y Australia encontraron las mujeres quienes trabajaban durante la noches tenían un 41% de riesgo superior del cáncer en la piel, un 32% de riesgo superior de cáncer del seno, y un 18% riesgo mayor de cáncer del sistema digestivo.[159]

Además, el tener turnos de trabajo de cambios rotantes también presenta problemas especiales. Los investigadores han determinado que las mujeres quienes trabajan turnos rotantes por más de cinco años tenían un 11% más probabilidades de morir prematuramente en comparación aquellas que nunca trabajan un turno de noche. De hecho, aquellos que trabajaron durante más de 15 años en turnos rotativos tenían un 38% riesgo mayor de morir de una enfermedad cardíaca que aquellos que trabajan solamente durante el día.[160]

> ### Ejemplo Caso de Dolores Rodríguez-Reimann:
> A lo largo de mi práctica clínica, el insomnio ha sido uno de los muchos problemas con los que mis pacientes batallan. Tratar con desordenes de dormir es una parte importante de mi tratamiento con ellos para ayudarles a *"volver a tener su vida de vuelta"*. Esto se destacó particularmente cuando, hace más de 18 años me uní a un colega quién era especializado con personas que eran víctimas de accidentes laborales. Nuestro trabajo consistía en ayudar a estos pacientes con tratamiento psicológico a mejor lidiar con los resultados de tales accidentes.
>
> Nuestras evaluaciones iniciales no solo evaluaron su angustia mental, pero además evaluábamos cualquier dolor crónico (a menudo un componente significativo en estos casos) y el grado de insomnio diario. En este proceso, el insomnio era algo sumamente importante en

tomar en cuenta. Personas que no pueden dormir bien debido a dolor físico, angustia emocional o ambos tenían problemas para funcionar durante el día. Tenían problemas de concentración, a menudo se desorientarían, eran irritables, e incluso se quedarían dormidos en momentos en que eso podría ser sumamente peligrosos (como mientras conducían un automóvil). Como tal, el insomnio fue visto como una consideración importante en la comprensión del tratamiento de la angustia del paciente.

5

CUESTIONES EN EL TRATAMIENTO

BARRERAS AL TRATAMIENTO / EXPECTATIVAS CULTURALES

Barreras a los servicios: Muchos informes han demostrado que los inmigrantes y otros grupos culturalmente / lingüísticamente distintos no obtienen la atención de salud mental que necesitan. Algunos de ellos han encontrado que esto es causado en gran medida por la falta de seguro de salud u otros problemas financieros/económicos.[104] Pero otros han encontrado que la falta de acceso a la salud está presente incluso cuando las finanzas (y por lo tanto obtener un seguro médico) no son un problema.[161] De hecho, hay muchas barreras al servicio, incluidos los tabúes sociales, los temores de ser etiquetado como *"locos"*, las restricciones económicas, la discriminación, los intentos de minimizar o ignorar los problemas, la falta de información acerca de los servicios disponibles, y las malas experiencias con proveedores de atención médica.[162,163] Esto impacta tanto a niños como a los adultos.[164]

No es sorprendente que en nuestra propia investigación haya encontrado que los inmigrantes quieren que los proveedores de salud mental los traten con cortesía y respeto y expliquen las cosas de una manera que ellos puedan entender. Los problemas que limitan la atención incluyen un tratamiento deficiente por parte del personal médico y de recepción.[31] En nuestra experiencia hemos encontrado que el personal enfrene en la oficina, a menudo establece el tono para el resto de la visita del paciente. Si los pacientes tienen una experiencia positiva al llegar a la clínica, hospital u otra práctica, las posibilidades aumenta de que obtengan y acepten el tratamiento que necesitan.

Ser Culturalmente Competente: ¿Qué hace que los servicios sean culturalmente competentes? La respuesta a esta pregunta requiere consideración de factores individuales (paciente-proveedor), familia, organización, nacionales, e internacionales. Nuestra propia investigación ha demostrado que los proveedores necesitan 1) considerar la importancia de la cultura de su paciente y 2) el reconocimiento del potencial que ellos mismos tengan prejuicios personales que impiden que se vuelvan más competentes. En adición la educación práctica que reciben es importante. La simple exposición a un grupo cultural no garantiza que uno se vuelva competente con los miembros de ese grupo. Pero tener un aprendizaje más formal donde los proveedores reciben apoyo y supervisión mientras trabajan con poblaciones cultural y lingüísticamente distintas es útil.[165]

En los Estados Unidos, varias organizaciones han publicado estándares en el trabajo con diferentes grupos culturales. Quizás el más notable entre ellos, es el Departamento de Salud y Servicios Humanos de los Estados Unidos, La Oficina de Salud de las Minorías elaboró normas nacionales para servicios cultural y lingüísticamente apropiados (CLAS).[166] Estas normas proporcionan orientación individual y organizacional sobre cómo ser más efectivos. Muchas empresas y gobiernos locales ahora utilizan los estándares CLAS para mejorar sus servicios y comprobar que tan eficaz son aquellos esfuerzos.

Al Nivel Individual: Aquí hay algunas consideraciones para los profesionales que trabajan con pacientes culturalmente diferentes. Algunos de estos son útiles sin importar qué tipo de tratamiento sea usado. Pero en las descripciones siguientes nuestra atención está centrada en el ámbito de la salud mental.

El Idioma y los Servicios Interpretativos:

Preguntas por investigar incluye lo siguiente: ¿Quién proporciona estos servicios? ¿Estamos usando interpretes profesionales o miembros de la familia? ¿Si usamos interpretes profesionales, están adecuadamente familiarizados con el (los) dialectos regionales que representan a nuestros pacientes? Tradicionalmente los intérpretes hacían su trabajo traduciendo literalmente lo que decía el paciente sin agregar nada personal al dialogo.

Más recientemente, la idea de que los intérpretes además pueden servir como los corredores culturales se han vuelto más popular.[167] Esencialmente, este tipo de intérpretes aclaran los significados específicos y el contexto de lo que dice el paciente si el proveedor no conoce tales contextos culturales.

En nuestra practica privada, hemos desarrollado relaciones con individuos que tienen una reputación de confianza y liderazgo de una comunidad en particular. Estas personas pueden ayudar a atraer a los miembros de la comunidad quienes necesitan servicios y entonces actuar como intérpretes en sesiones de evaluación y tratamiento.

Los estándares CLAS reconocen que a veces los parientes adultos son la única opción o la más viable. Sin embargo, esto requiere que los proveedores tengan una idea de cualquier agenda que el intérprete posea en el sistema familiar. ¿Se puede determinar que el miembro de la familia está preocupado por los mejores intereses del paciente en lugar de los propios (si esos intereses son potencialmente diferentes)? También debemos siempre tomar en cuenta que el utilizar a niños o adolescentes en el papel de intérprete nunca es una buena idea.

Las Prácticas Dietéticas:

Lo que comemos tiene una influencia significativa en nuestra salud mental. En muchas culturas, los alimentos y los suplementos son la base de métodos de curación tradicional. Para maximizar el tratamiento es importante que los proveedores de atención médica conozcan todas las substancias, incluyendo las homeopáticas, que está tomando el paciente.

Cómo son Describen los Problemas:

En algunos casos, los síntomas psicológicos se describen por los pacientes en términos físicos porque piensan y perciben que así son más socialmente aceptables (muchas culturas creen que es mejor estar físicamente enfermo que estar "*loco*"). En nuestra experiencia la gente tiende a interpretar como "loco" el tener síntomas psicóticos como escuchar voces, o ver cosas que no son reales. Pero los trastornos emocionales, en parte a respuesta a los factores ambientales estresantes, son simplemente interpretados como una parte molesta de su existencia con las viven las personas. No son necesariamente vistos como trastornos tratables. Por la forma en que se ve en gran medida la enfermedad mental, las personas pueden no reconocer la ansiedad y los síntomas depresivos. Pero por lo general pueden reconocer síntomas como tristeza, llanto y nerviosismo si se le pregunta directamente sobre ellos.

Considerar el Lenguaje Corporal:

Prácticas que involucran contacto visual, saludos de la mano y otros gestos varían según las costumbres culturales y religiosas. En los Estados Unidos, inclinar un dedo índice hacia la cabeza es reconocer que alguien tuvo una idea inteligente. En algunas partes de Europa, el mismo gesto significa que "*tienes un pájaro en tu cabeza*" (significando que estás loco).

Las Dinámicas Familiares y los Rituales Sociales:

Los roles familiares tienden a cambiar con la inmigración y la aculturación. Esto puede implicar quién gana el dinero y quién puede aprender más rápidamente el nuevo idioma. De repente los niños en la familia son necesitados en ayudar a los mayores a entender los lugares nuevos. Esta nueva responsabilidad pone una carga a los adolescentes para la cual muchos de ellos no están los suficientemente listos debido a su nivel de desarrollo e interrumpe el sistema tradicional familiar. La inmadurez y la presión que entonces sienten estos menores es una de las muchas razones, por las cuales los proveedores no deben usar a los niños y los adolescentes a servir como intérpretes para sus padres u otros adultos.

El Estado Socioeconómico:

De manera similar a la dinámica familiar, el estatus socio-económico puede cambiar con la migración. De repente, el exmédico, abogado u otro profesional es un conductor de taxi (cuando menos temporalmente). Ese cambio radical puede requerir ajuste y probablemente impacta la autoestima.

El Género:

Encontrar un proveedor que coincida con el género del paciente puede ser una preocupación especial, especialmente en el caso de cuestiones físicas. Esto es a menudo cierto independiente-mente de la cultura, también puede implicar tabúes religiosos o sociales especiales en algunas circunstancias. Como también hemos descrito anteriormente, para muchas mujeres en el proceso de migración forzada, son frecuencia violadas o de otra manera explotadas sexualmente en su país de origen o en el viaje al nuevo país. Probablemente, muchas de ellas se sientan más cómodas dirigiendo estas cuestiones con una proveedora mujer en lugar de un médico masculino.

Notablemente, las similitudes aparentes entre el proveedor y el paciente no garantizan automáticamente que tendrán una buena conexión/relación. Todavía son individuos y pueden tener diferentes opiniones y perspectivas. En nuestra experiencia los pacientes nos han informado que ellos se sienten particularmente traicionados cuando un proveedor quien se presumía "*ser igual que yo*" no alcanza o actúa según las expectativas del paciente.

Como Hacer Saber a la Gente Acerca de los Servicios:

¿Cómo informan los proveedores a las personas sobre los servicios disponibles? ¿Qué métodos funcionan mejor cuando intentamos informar a una comunidad a través de la divulgación y la educación? Que la gente sepa que los servicios son seguros y confidenciales pueden ser un factor importante y complejo entre los pacientes y los proveedores de salud. Obviamente tener miembros del personal que hablen el idioma de la comunidad es importante.

¿Qué Métodos de Tratamiento y Diagnósticos se Aplican?

Los profesionales de la salud mental deben saber que las pruebas de evaluación que utilizan son válidas para personas de diferentes ámbitos culturales. Esto incluye el uso del lenguaje correcto. Existen muchas buenas preguntas para hacer. Por ejemplo, ¿son válidas las medidas de evaluacion en la población en la que se está usando? ¿Es real la información que una medida le dará y resultados precisos? Idealmente, una medida evalúa de manera directa e integra las circunstancias y las respuestas psicosociales que enfrentan muchos inmigrantes. Identificar las fortalezas y necesidades de un inmigrante en dimensiones amplias como los factores estresantes, el funcionamiento emocional y las necesidades de ocupación puede ser la base para un plan de servicio individualizado. El hacerlo así puede entonces ayudar al inmigrante lograr sus metas y el éxito. Esta idea nos impulsó a desarrollar el Inventario de Reasentamiento Exitoso de Inmigrantes (SIRI), un instrumento diseñado para identificar tales características.

Al Nivel Organizacional: Las preguntas que los administradores de las organizacionales pueden hacerse incluyen: ¿Tengo servicios de capacitación profesional que enseñen y asesoren a mis proveedores y personal de apoyo? ¿Tengo acceso a intérpretes profesionales que cubran los idiomas requeridos (incluyendo dialectos regionales) para las necesidades de la comunidad que sirve nuestra organización? ¿Tengo en mi personal políticas efectivas de reclutamiento y retención para crear una fuerza laboral calificada que refleje la comunidad a la que sirvo? ¿Están mis proveedores dispuestos y capaces para coordinar la atención y el tratamiento con curanderos tradicionales cuando sea apropiado? ¿Tiene mi organización métodos viables para verificar los resultados del tratamiento y la satisfacción del paciente para que cualquier problema pueda ser identificados? ¿Se pueden hacer mejoras?

Al Nivel Internacional: A nivel internacional, la investigación y la promoción en torno a la competencia cultural se ha destacado su importancia para la salud. Esto significa que necesitamos entender la salud mental en el contexto de las poblaciones que migran, el desplazamiento debido al cambio climático, las relaciones económicas mundiales que facilitan el viaje y otros factores. Esta perspectiva aboga por enfoques interdisciplinarios que unen epidemiológicos, culturales, ámbitos financieros, ambientales, étnicos, políticos y legales. Reconoce que vivimos en un mundo interconectado en el que la salud y el bienestar son globales en lugar de cuestiones de país en país.[168]

Experiencias internacionales se han vuelto un centro de atención en muchas universidades y disciplinas académicas. Tiene sentido que este enfoque se pueda utilizar en los campos de la salud.[169,170] Por ejemplo, el campo de la antropología médica puede seguir aportando contribuciones de investigación significativas en tales ámbitos.

Consejos hacia adelante: ¿Cómo podemos aumentar nuestro conocimiento sobre maneras de hacer enfoques de servicios más culturalmente eficaces? Una manera es pensar en nuestros métodos para conducir la investigación. Por tradición, la investigación psicológica utiliza un enfoque que genera datos (números) que podemos conectar a la estadística analítica. Pero este método requiere que sepamos por adelantado todas las preguntas directas. ¿Qué sucede en el caso de las poblaciones para las que existe poca investigación? Aquí están algunas ideas:

Existe mucha discusión acerca de la práctica basada en la *"evidencia"*. En lenguaje sencillo, debemos usar métodos científicamente probados. Eso claramente tiene sentido. Sin embargo, como los describimos anteriormente, hay momentos en que simplemente no sabemos lo suficiente para entender cómo se aplica a grupos que son culturalmente distintos. Al mismo tiempo, los proveedores de tratamiento ganan conocimiento mientras trabajan con diferentes grupos. Por lo tanto, algunos investigadores han abogado por recopilar información sobre lo que funciona para los proveedores de tratamiento de primera línea especialmente aquellos quienes trabajan con inmigrantes.

Esto a veces se conoce como la *"evidencia basada en la práctica"*.[171]

En este contexto general, los investigadores pueden utilizar lo que a veces es conocido como métodos mixtos.[172] Ellos ganan conocimiento sobre una comunidad a través de una organización estructurada pero abierta que incluye conversaciones con sus miembros. Esto entonces señala que preguntas específicas que después les da seguimiento a estudios cuantitativos (basado y usando números).[173]

El modelo de organización definitivo que por el cual abogamos combina el tratamiento comunitario con la investigación. Un centro de tratamiento puede asociarse con las universidades para la investigación. Idealmente, la organización integra en un sistema cohesivo la salud mental, general, dental, y salud pública. Luego, los investigadores prueban el sistema de varias maneras, y la organización utiliza los resultados de la misma investigación para mejorar sus servicios. Éste es no un evento único pero un proceso continuo que refina continuamente la efectividad de la organización.

Ejemplo: Caso De Joachim Reimann:

Aquí hay un ejemplo de cómo los pacientes pueden reaccionar si ellos sienten que su terapeuta u otro proveedor de atención médica los entiende en un contexto cultural.

Había trabajado con una pareja de refugiados de África Oriental durante varios meses. Tenían más de 60 años y no en buenas condiciones físicas. La esposa sufría del TEPT por experiencias traumáticas fuertes de la guerra civil en su país de origen. El marido estaba tratando de mantener a la familia, pero tenía muchas dificultades para poder lograrlo.

Una suposición común es que pacientes de la población del África Oriental no busca o participa por estigmas y falta de conocimiento sobre la salud mental. Esta pareja, sin embargo, decidido que yo era "de confianza" y estaba trabajado duro para ayudarles a mejorar su funcionamiento emocional.

Sin embargo, el transporte hacia nuestra oficina se convirtió en un problema. En cierta ocasión, se les descompuso el automóvil. Sin embargo, decidieron no faltar a la consulta así es que tomaron un autobús. Desafortunadamente, la pareja no conocía el sistema de transporte público y tomaron uno que les dejo como a cinco millas de nuestra oficina. Al fin llegaron, tarde para la cita y sin aliento, sin embargo, contentos de no haber faltado a su compromiso para mejorar su salud mental. En fin, les ayudamos a identificar una mejor ruta del autobús que los dejó en la acera en frente de mi oficina. Sin embargo, lo más importante es que yo me quede impresionado y con bastante respeto para esta pareja que, mientras venían de una cultura que supuestamente no se comprometerían a servicios de salud mental decidieron guardar su cita de terapia aun cuando se les presento un obstáculo.

También hay momentos en que la terapia debe incluir enfoques inusuales. A continuación, mostramos un ejemplo:

Hace algunos años trabajé con una mujer de Kenia. Ella se presentaba amistosa y parecía bien motivada para mejorar sus circunstancias. Sin embargo, no sabía leer ni escribir. En adición, también sufría de problemas fuertes de concentración.

Incluso si no están alfabetizados, la mayoría de las personas de los países del África Oriental aprenden al menos escribir sus nombres. La realidad, es que no aprenden a escribir, sino que memorizan como hacer marcas (deletrean) que representan su nombre. De esta manera aprenden y le permite *"firmar"* documentos y participar en varios otros tipos de negocio. Esta paciente en particular aún no había aprendido hacer esto. Describiendo esfuerzos en los que ella trato de aprender a escribir su nombre asistió a escuelas de adultos, pero no pudo lograr su meta en el formato que usaban estas clases.

Pero la capacidad de escribir su nombre era muy importante para ella y por consiguiente usamos gran parte de nuestras sesiones para ayudarle a practicar su escritura. El proceso no fue fácil para ella, sin embargo, con determinación y practica ella pudo al fin lograr el éxito.

Entonces, ¿fui su terapeuta o su maestro? Pude servir de ambos al mismo tiempo. Nuestro nombre esta al centro de nuestra identidad. Nos presenta al resto del mundo de una manera muy personal. El no poder poner su nombre en un papel era un límite significante el cual impedía que esta mujer se podía expresar. El aprender a hacer esa tarea fue un paso adelante no solo práctico, pero además como núcleo central a su identidad y en sus relaciones con los demás. Eso le ayudó a mejorar su funcionamiento emocional.

EL PAPEL DE LA ESPIRITUALIDAD Y LA RESILIENCIA

El desarrollo de la resiliencia y la inteligencia emocional son clave para el éxito de la integración en las comunidades de inmigrantes. El alcanzarlos ciertamente es muy posible. Existen investigaciones substanciales que muestran cómo algunas personas quiénes has sido expuestos a circunstancias traumáticas (ya sea en su país de origen como parte de la experiencia de la inmigración y/ o una vez en un "país nuevo *adoptado*") tienen graves y reacciones emocionales duraderas, mientras que otras no.

¿Qué permite que algunos se adapten mientras a que otros no? La resiliencia psicológica se ha definido como la habilidad mental y emocional para tratar con una crisis. Las personas con resiliencia son más capaces de mantenerse calmados durante una crisis, actuar eficazmente para contrarrestarla y así evitar a largo plazo las consecuencias negativas. No es sorprendentemente que los inmigrantes con mayor resiliencia son más inmunes a los traumatismos y a la angustia.[174]

La psicología ha señalado que la espiritualidad puede ser un elemento que ayuda a las personas a ganar resiliencia ya que provee una influencia calmante.[175] Esto no es limitado por una religión o espiritualidad específica, sino un factor verdaderamente independiente de la fe o filosofía específica. Un estudio, en los Estados Unidos con personas de linaje asiático que practicaban el yoga, tenían por ejemplo un sentido de gratitud y la espiritualidad que estaba conectada con una mejor salud general y emocional.[32] En nuestra propia investigación, personas del Medio Oriente y de los países de África oriental tendían a encontrar consuelo en la oración.[31]

La espiritualidad y la curación tienen fuertes conexiones históricas. Por ejemplo, varios saludadores tradicionales como el *curandero* en América Latina mezclan prácticas medicinales indígenas con rituales religiosos. Además, la fe y la curación también tienen fuertes conexiones en Europa.

Caso Ejemplo de Joachim Reimann:

A continuación, compartimos un ejemplo de mi propia historia familiar. Mi tía, Ingeborg Reimann, creció en Alemania durante los últimos años de la década de 1920 y década de 1930. Cuando llego a ser adulta, Ingeborg entró en un tipo de hermandad protestante. Allí se convirtió en un servicio titulados como *"Krankenschwester"* (que se traduce libremente como hermana para los enfermos). En otras palabras, se convirtió en enfermera y siguió esa carrera para el resto de su vida. A través de su carrera ella proporciono servicios de cuidado de salud en hospitales durante la Segunda Guerra Mundial y después estuvo estacionada por muchos años en Lisboa, Portugal.

Ahora las enfermeras en Alemania tienden a ser llamadas *Krankenpfleger* (hombre) o *Krankenpflegerin* (femenino) (cuidado- tomador del enfermo).

Hoy en día, en las ocupaciones de enfermería en Europa se utiliza el término más tradicional "hermana" que destaca las fuertes conexiones entre las instituciones religiosas y el cuidado a los enfermos. Esto también es reflejado por una larga tradición de monjas católicas que se encargan de atender a los enfermos.

Un enfoque general de la espiritualidad en la familia y en el ámbito de la comunidad general puede ser útil. Eso puede ayudar a las personas entender perturbaciones psicológicas en un contexto religioso o espiritual.[176] Si tales interpretaciones son positivas y de apoyo, pueden ser parte de un proceso de curación.[177]

Adicionalmente a veces algunos inmigrantes tienden a consultar con miembros del clero de su religión si se encuentran en angustia psicológica. Aun cuando los miembros del clero no son necesariamente profesionales de la salud mental, pero en nuestra experiencia[31] con frecuencia animan a los miembros de su congregación a buscar ayuda profesional cuando esto es necesario. Tales acciones en un contexto religioso pueden reducir tabúes de la cultura y así dar a las personas la comodidad de una sanción formal para entrar en tratamiento. La investigación ha apoyado este enfoque como efectivo.[178] Un estudio en el Reino Unido por ejemplo encontró que de un 60% al 80% miembros del clero remiten a las personas a profesionales de salud mental para aquellos que lo necesitan.[179] Otro concepto a considerar es lo que conocemos como la *"inteligencia emocional"*. Este tipo de resiliencia es fomentado por una capacidad ser consciente, controlar y expresar las emociones de manera efectiva. Tal capacidad aumenta la oportunidad de que seamos capaces de tener relaciones interpersonales reflexivamente y con empatía. A menudo se piensa que la inteligencia emocional tiene cinco componentes básicos: la autoconciencia, la autorregulación de emociones, motivación interna, la empatía y habilidades sociales.

La inteligencia emocional, en pocas palabras, es la capacidad de participar en una evaluación honesta de cómo uno hace las cosas y si aquellos métodos funcionan. Un psiquiatra bastante conocido por el nombre de William Glasser[180] sucintamente preguntó "¿Qué es lo que estás haciendo y si está funcionando?"

Si la respuesta es *"no está funcionando"*, haz otra cosa. La premisa subyacente es que las personas tienen el poder y la responsabilidad para hacer mejores decisiones. Una pregunta relacionada que debe uno hacerse es: ¿si el molestarme me ayudara a resolver el problema? Existen muchos eventos en las vidas de las personas en los que uno no tiene control. Pero el tomar responsabilidad por las cosas en las que podemos influir empodera a las personas. Finalmente, el concepto de autoestima es importante. Oxford define este concepto como *"confianza en uno mismo de poseer valor o habilidades; y respeto hacia uno mismo"*. La autoestima positiva has sido asociada con el éxito de aprender un conocimiento nuevo,[181] y en negociar efectivamente las relaciones personales.[182] Las personas son capaces de responder a otros de manera efectiva en lugar de reaccionar simplemente de una manera emocionalmente poco saludable. La gente con una autoestima realista es además menos propensa a cometer delitos. Además, la autoestima se ha relacionado con la satisfacción con la vida, la motivación de trabajar duro para lograr el éxito, y con la capacidad para manejar el estrés mejor. Obviamente todas estas son cualidades que les ayudan a los inmigrantes adaptarse mejor.

Por el contrario, aquellos con baja autoestima tienden a creer que son inadecuados, que no sobresalen en el amor y otros logros a menos de que tengan dinero, se ven a sí mismos como capaces de trabar y de obtener estos éxitos.[183]

¿Cómo se desarrolla la autoestima en las personas? Un factor importante es que primero las personas deben verse a sí mismas de una manera realista. Gente con autoestima saludable no se creen geniales simplemente porque existen. El éxito no es un derecho de nacimiento, es algo que se gana. En general, la gente es capaz de obtener el éxito si se aplican a sí mismos. Actuar sobre esta premisa crea resultados positivos y, a su vez, desarrolla la autoestima en las personas.

La Clínica Mayo de EE. UU.[184] recomienda que, para sentir mayor autoestima y confianza, debemos empezar a desafiar nuestro pensamiento negativo o inexacto. El pensamiento negativo y poco realista incluye:

1. *El ver a las situaciones totalmente con un sentido u otro.* Son totalmente perfectos o completamente horribles. En otras palabras, si hago algo debo hacerlo perfectamente, si no, he fracasado.

2. *Insistir en circunstancias negativas:* Por ejemplo, el cometer un error le dirá a los demás que soy un fracaso. Esto también incluye subestimar logros porque fueron *"demasiado fáciles".*

Una Alternativas Más Positivas son:

1. *Haz que las exigencias que te impones a ti mismo sean razonables.* Si sigues usando las palabras *"debería"* y *"debes",* probablemente te estas poniendo una carga indebida sobre ti mismo.

2. *Considerar Errores como experiencias de aprendizaje.* No hay algo malo con tener éxito. Pero no aprendemos nuevas habilidades de esa manera. De hecho, el educador John Dewey[185] dice que el fracaso es esencial para el aprendizaje. Esto se vuelve probable cuando evaluamos de manera realista la falla, consideramos los comentarios de otros, y usamos nuestro análisis para hacerlo mejor la próxima vez.

Los ejemplos anteriores son no comprensivos. Pero si pueden proporcionar algunas estrategias básicas que pueden ser útiles.

LAS INTERSECCIONES ENTRE EL TRATAMIENTO PSICOLÓGICO Y CUESTIONES LEGALES

Si bien no somos abogados, los psicólogos podemos ser útiles en un número de circunstancias legales. Existen varias leyes de inmigración y ciudadanía en los Estados Unidos donde se considera el estado psicológico de la persona en la preparación de determinaciones. Aquí hay algunos ejemplos. Estos no son comprensivos. Las personas deben consultar un abogado de inmigración para obtener información legal precisa.

Leyes que rigen las solicitudes de asilo político: Como se describe a lo largo de este libro, algunos inmigrantes creen que se ven obligados a huir de su tierra natal porque permanecer amenazaría sus vidas. Esto puede implicar persecución política, étnica y religiosa. Tales migrantes han sido expuestos al encarcelamiento, tortura, trauma de guerra, crimen violento y otras circunstancias peligrosas en su país de origen.

Dadas las circunstancias caóticas en su país de origen, muchos los solicitantes de asilo tienen problemas para documentar sus experiencias. Las evaluaciones psicológicas pueden mostrar que la severidad de los síntomas que se identifican sí o no, están asociados con las circunstancias que describen los solicitantes de asilo.

Las leyes que previenen las deportaciones si un ciudadano estadounidense experimenta dificultades particulares y extremas debido a tales deportaciones: Los "*casos de dificultades extremas*" generalmente involucran circunstancias en las que uno o más miembros de la familia inmediata (por ejemplo, un cónyuge) de un ciudadano o residente legal permanente de los Estados Unidos está bajo amenaza de deportación. El ciudadano o residente legal estadounidense puede solicitar una exención de deportación porque dicha deportación resultaría en una penurias extremas y excepcionales para el ciudadano o residente legal. Esto incluye dificultades si el residente legal se mudara al país de origen del pariente deportado.

> ### Caso Ejemplo de Dolores Rodríguez-Reimann:
>
> El padre en una familia estaba bajo amenaza de deportación. La madre (ciudadana estadounidense) dependía de él económicamente y apoyo emocional. Además, uno de los niños de la pareja (también ciudadano de los Estados Unidos) tenía necesidades especiales cuál requería programas de educación y apoyo medico especial. Era improbable que este tipo de apoyo estaría disponible en el país de origen del padre. No es sorprendentemente, que ambos padres estaban afligidos en que la deportación plantearía dificultades que probablemente tendrían consecuencias muy negativas para su hijo con necesidades especiales, así como para toda la familia. Una evaluación psicológica podría mostrar que 1) la madre no padecía de problemas psicológicos antes que la amenaza de deportación del esposo se volvió significativo, 2) que ahora estaba experimentando síntomas emocionales clínicamente sustanciales y clínicamente diagnosticables debido a esta amenaza y 3) era probable que los mismos síntomas y el estrés relacionado continuaría y empeorara si la potencial deportación no era resuelta.

Leyes que permiten a un inmigrante quedarse en los Estados unidos si están experimentando abuso cónyuge u otro abuso: Los Estados Unidos tiene una ley en contra de la violencia contra las mujeres (VAWA). La cuál se aplica realmente a personas de todos los géneros. Por ejemplo, una persona de un país extranjero se casa con un ciudadano o residente legal estadunidense. Si esta persona luego experimenta abuso doméstico por parte de su nuevo cónyuge y busca un divorcio o separación legal, la persona abusada puede presentar una petición VAWA siempre y cuando la disolución del matrimonio de deba y esté relacionado con la violencia doméstica y/o el abuso. El abuso en sí puede ser verbal, físico, sexual y/o psicológico. En tales casos, una evaluación psicológica ayuda a documentar las consecuencias emocionales de tal abuso.

Caso Ejemplo de Joachim Reimann:

Un ciudadano estadounidense encontró un sitio de internet que enumera cónyuges potenciales en un país de Europa del Este. Comenzó a corresponder con una mujer y finalmente decidió ir a visitarla para poder verse en persona en su país. El noviazgo subsecuente parecía ir bien, y la mujer que más tarde se convirtió en mi paciente se casó con él. Pero una vez que la pareja estaba en los Estados Unidos su relación se deterioró. El marido comenzó a amenazarla y a golpearla. Para controlarla aún más, él marido le dijo que, al no ser ciudadana estadounidense, no tenía derechos en este país y él podría deportarla o usarla como quisiera en cualquier momento que él quisiera. Mientras tanto, el hombre ya estaba buscando otras mujeres en el mismo sitio de internet donde había encontrado su esposa. Afortunadamente, la esposa presentó cargos legales contra su marido. Finalmente, una evaluación psicológica documentó la angustia emocional que el esposo le había causado.

Un mecanismo relacionado en los Estados Unidos es algo conocido come el "*U VISA*". Éste otorga estatus legal a inmigrantes indocumentados que han sido víctimas de delitos graves en los Estados Unidos. Tales delitos pueden incluir abuso sexual, violencia doméstica, servidumbre involuntaria, explotación sexual, secuestro, tráfico y violación. Si pueden obtener un U Visa estos inmigrantes se pueden quedar con permiso de trabajar hasta por cuatro años. Además, pueden solicitar el estatus de residente permanente después de tres años. Como en otros casos descritos anteriormente, las evaluaciones psicológicas pueden servir de documento al solicitante de la U VISA sobre la angustia emocional que está experimentando debido al abuso.

Criterios requeridos para ganar la ciudadanía en los Estados Unidos: Existen muchos criterios para obtener la ciudadanía estadounidense. Estos incluyen la capacidad de hablar, leer y escribir en inglés. Además, los solicitantes deben ser capaces de pasar una prueba donde se pregunta sobre la historia, el gobierno y otros asuntos cívicos. Estas pruebas determinan si un solicitante será capaz de entender y participar en la sociedad estadounidense.

Pero a veces, hay razones médicas por las que un solicitante no puede tener éxito en estas pruebas. Estos incluyen retrasos en el desarrollo, psicosis y problemas para recordar nuevas informaciones. Desde que estas condiciones usualmente caen dentro de lo que se considera salud mental, se les puede recurrir a los psicólogos para verificar las razones por las que un inmigrante, sin culpa propia, no puede pasar estos tipos de pruebas.

Casos que involucran síntomas psicóticos (como la esquizofrenia o demencia) o retrasos en el desarrollo son relativamente simples para documentar. Las pruebas cognitivas pueden mostrar cómo tales discapacidades en la persona perjudican la capacidad para aprender. Pero también pueden existir otras situaciones en las que un solicitante eligible no puede aprobar las pruebas requeridas para la ciudadanía. Aquí está un ejemplo:

Caso Ejemplo de Joachim Reimann:

Una refugiada vino a mi consultorio. Ella experimentó un trauma sustancial en su tierra natal. Durante el período de la guerra civil, fue atacada en su hogar con un golpe sobre la cabeza, y fue violada. En el proceso, perdió la conciencia. Varios de sus familiares fueron asesinados. La mujer luego huyó de su país y pasó años en un campo de refugiados. Los servicios médicos en su tierra natal y en el campamento eran muy básicos, si es que existían. En consecuencia, ella no pudo recibir servicios de diagnóstico para ver si el golpe a la cabeza le resultó en una lesión cerebral traumática. En general, solo recibió tratamiento básico de emergencia.

Al presentarse en mi oficina esta mujer estaba muy retirada. Sufría de signos de trastorno de estrés postraumático obvio. Tenía problemas fuertes de no poder dormir en gran parte debido a los pensamientos consistentes e intrusivos sobre sus experiencias que la hicieron sentirse temerosa y la mantenían despierta. Sus parientes no la dejaban salir de la casa sola debido a que se perdía fácilmente y con frecuencia, a pesar de que habían vivido en su vecindario actual durante varios años. También, ella había intentado aprender inglés en una escuela para adultos, pero sin éxito.

En resumen, la mujer tenía grandes problemas para recordar información nueva o eventos recientes. Aun si no tuviera una lesión cerebral traumática, estos problemas eran crónicos. No era que ella había perdido su capacidad básica capacidad recordar. Sino que tenía grandes problemas de concentración. Dado que esto le impedía concentrarse en su entorno inmediato, no podía recordar lo que, de hecho, no podía prestar atención en primer lugar. El poder explicar y documentar esta circunstancia pude de una manera legítima ayudar a tal persona a obtener una dispensa en los requisitos y pruebas del inglés, historia y de educación cívica.

Las leyes y políticas de inmigración específicas varían mucho de un país a otro. Sin embargo, dentro de la Unión Europea, ha habido, realizar esfuerzos para desarrollar un progreso de leyes más integrado y cohesivo en todos los estados miembros. El Tratado de Lisboa de 2009,[186] por ejemplo, trató de crear normas uniformes que regulen el criterio de asilo, la protección de los refugiados, las responsabilidades de los diversos países en la UE tienen para considerar las solicitudes de asilo, y las asociaciones que la UE tiene con países no pertenecientes a la UE. En el Reino Unido, la Ley de Nacionalidad, Inmigración y Asilo de 2002[187] cita provisiones (como el nombre lo indica) de nacionalidad, inmigración y asilo. También especifica los delitos que abordan la traficación internacional en la prostitución. Al igual que en los Estados Unidos, las evaluaciones e informes psicológicos se pueden utilizar en casos de inmigración. Estos incluyen solicitudes de asilo, así como cuestiones relacionadas con la residencia, los ciudadanos británicos, el navío y el impacto de la deportación.

Otra área en la que se utilizan evaluaciones psicológicas en el ámbito legal de los Estados Unidos es cuando un trabajador se lesiona mientras está en un trabajo. Esto es sumamente importante en el caso de los inmigrantes porque como se mencionó anteriormente, muchos de ellos llegan a desempeñar trabajos altamente físicos dónde el riesgo de ser herido es mayor. En los Estados Unidos, el Sistema de Compensación de los Trabajadores es un tipo de seguro que paga por el diagnóstico y tratamiento médico cuando la persona es herida durante el desempeño de su trabajo. Esto además tiene otros beneficios. Pero el sistema es altamente complejo y especializado. Esta situación se complica aún más porque las leyes que gobiernan a la Compensación al Trabajador (WC) varían enormemente de un estado a otro. Debido a las leyes involucradas, relativamente pocos proveedores de servicios de salud mental hacen evaluaciones psicológicas o realizan tratamiento en casos de Compensación al Trabajador. En California, algunos proveedores tienen una certificación especial. Ellos son conocidos como Evaluador Calificado Médico (QME). EL QME realiza una evaluación cuando el empleador y el trabajador lesionado no están de acuerdo sobre la causa, la gravedad o las necesidades de tratamiento involucradas en una lesión. Yo (Joachim) soy un QME. Mientras que Dolores también ha tratado a varios trabajadores con lesiones psicológicas. Nuestra experiencia combinada muestra que muchos de los trabajadores con los que nos hemos encontrado hablan poco o nada de inglés. Dada la complejidad del sistema de WC, es importante para ellos tener un tratamiento culturalmente efectivo, así como asesoramiento legal.

TRATAMIENTOS

En otras partes de este libro (así como en el primer volumen en esta serie) abordamos la importancia de la competencia cultural en el tratamiento en las comunidades de inmigrantes. Dado el alcance y centro de atención de este libro no queremos cubrir un histórico detallado de los campos de la psiquiatría o la psicología, ni entramos en cada una de las teorías en las cuáles el tratamiento es fundado. Pero un resumen básico de los tratamientos que actualmente son usados y quiénes los proporciona es presentado en seguida. Nuestro intento aquí es presentar la información más esencial por si en tu caso, el de tú un amigo, un miembro familiar o un cliente necesita de tales servicios.

Muchos de nuestros clientes han descrito confusión sobre las diversas personas que ofrecen ayuda. ¿Cuál es la diferencia entre un psiquiatra y un psicólogo? ¿Qué pasa con las otras personas que dicen que hacen algún tipo de terapia? Comenzaremos describiendo los tipos de proveedores de servicios de salud mental / conductual que existen. En algunos casos éste varia de país en país.

En los EE. UU. existen muchos servicios de salud mental diferentes y con diferentes proveedores. Alguno de estos es comparable con profesionales en otras partes del mundo. Aquí hay una descripción general de unos de los más comunes.

Psiquiatras: Estos son médicos. Por consiguiente, tienen un título de M.D. (Doctor en Medicina) o D.O. (Doctor en Medicina Osteopática). Después de ganar ese grado médico, los psiquiatras suelen completar tres años de residencia en psiquiatría. En adición, pasan exámenes que les permite ejercer legalmente. Los psiquiatras pueden recetar medicamentos y también pueden hacer psicoterapia. De hecho, los psiquiatras eran los originaros de muchas de estas terapias. Pero, en la actualidad, la mayoría de los psiquiatras de atención casi exclusivamente recetan medicamentos después de hacer una evaluación inicial. Aunque no es exactamente lo mismo, los requisitos para convertirse en un psiquiatra en muchos otros países son similares a lo que se encuentra en los Estados Unidos.[188]

Psicólogos Clínicos: En los Estados Unidos, estos proveedores han obtenido títulos de doctorado en psicología. Los títulos específicos pueden ser un Doctorado de Filosofía (PHD) o un Psy.D. (Doctor de Psicología). Además, algunas personas han completado un Ed.D. (Doctor de Educación) con un centro de atención fuerte en psicología y psicoterapia. Históricamente ha habido algunos estados de EE. UU. que permitió que las personas con una maestría obtuvieran una licencia como psicólogos. En algunos estados conceden a personas con un grado de maestría practicar bajo la supervisión de un psicólogo autorizado. Pero en términos generales, un doctorado es el estándar básico para la licencia y la práctica clínica.

Más allá de ganar el doctorado, los psicólogos usualmente ocupan completar aproximadamente un año (a menudo 1,500 horas) de profesión práctica clínica supervisado antes de obtener su licencia. Entre los mismos psicólogos existen múltiples tipos de quienes hacen alguna forma de evaluación y tratamiento. Esto puede causar mucha confusión. Algunos ejemplos pueden incluir Psicólogos de Asesoramiento Forense, Psicólogos y Neuropsicólogos. Las diferencias entre ellos generalmente implican el enfoque que toman para la terapia y el área específica de psicología en la que ellos se centran. Los psicólogos en general atienden y trabajan con gente quienes tienen problemas de ajustarse a sus circunstancias, ya sea en el empleo, como estudiante, vida en general, matrimonios, u otras relaciones sociales o familiares. Ellos ponen menos énfasis en el diagnóstico formal de las personas. Los psicólogos forenses proporcionan evaluaciones de salud mental en casos legales. Los neuropsicólogos tienden a especializarse en identificar problemas después de sufrir algún tipo de trauma a la cabeza u otro problema relacionado con el cerebro.

A diferencia de otras profesiones de la salud mental, los psicólogos han recibido capacitación sobre cómo evaluar formalmente a las personas para detectar problemas intelectuales, de aprendizaje y emocionales. Con algunas excepciones, no recetan medicamentos. Sin embargo, después de completar algún entrenamiento adicional, pueden hacer prescripción limitada en los Estados Unidos de Iowa, Idaho, Illinois, Nuevo México y Luisiana, así como en el territorio de Guam, E.E.U.U. Además, pueden prescribir medicinas si son empleados Servicio Público de Salud de E.E.U.U., Servicio de Salud Indio, y en algunas partes del ejercito militar de la E.E.U.U.

En algunos otros países gente con grados de maestría (o el equivalente local) han podido obtener licencias de psicología. Otros países tienen una multitud de requisitos que pueden diferir sustancialmente de los que se encuentran en los Estados Unidos.[189] Según un informe de la Asociación Americana de Psicología, algunos países como India, Singapur y el Unido Árabe Emiratos no tienen licenciamiento o regulación de la psicológica clínica. Pero en América del Norte (Canadá, Estados Unidos y México) los esfuerzos para estandarizar la educación y los requisitos de experiencia han sido consideradas.[190]

Otros Proveedores: En el E.E.U.U. existen un número de proveedores de servicios de salud mental cuya licencia requiere una maestría en lugar de un doctorado. Algunos de estos proveedores en particular, obtienen el doctorado aun cuando su licencia no lo requiere. Para agregar a la confusión, existen títulos específicos que tienden a variar de estado en estado. Estos incluyen Terapeuta del Matrimonio y de la Familia, Consejero Profesional Licenciado y Trabajadora Social Clínica Licenciada.

También hay enfermeras registradas y enfermeras practicantes quienes se especializan en la psiquiatría.[191] ¿Cómo encontrar y escoger el/la terapeuta correcta entre tantas opciones? Si se necesitan medicamentos, uno debe acudir con alguien que pueda recetarlos. Pero la mayoría de los sistemas estadounidenses usan el *"no existe puerta equivocada"*. En otras palabras, realmente no importa por donde empiezas o cuál tipo de servicios accedes, ya que los proveedores que veras te deben dirigir a obtener acceso a todos los tipos de servicios que necesitas. Conectarse con alguien en quien puedas confiar y desarrollar una buena relación laboral es el primero paso y el más importante. No es sorprendente que en múltiples estudios esto se haya asociado con buenos resultados de tratamiento.[192]

En nuestra experiencia el primer paso en escoger un psicólogo, consejero, o psiquiatra, implica tomarse cierto tiempo pensando en qué cualidades me permitirán estar a gusto y poder confiar en un proveedor. Por ejemplo, ¿crees que te iría mejor con un hombre o una mujer? ¿Hay proveedores que hablen su lengua materna y/o comparten tu origen étnico? Después de haber pensado acerca de tales factores, es importante comprobar con tu compañía de seguros de si la clínica o proveedor que le interese está cubierto y /o tienen un horario de servicios que funcione para usted. Preguntas que tal vez deseas hacer al terapista en tu primera reunión pueden incluir: ¿Cuál es el horario de servicios? ¿Por las noches o fines de semana? ¿Cuál es su enfoque terapéutico? ¿Cuáles son sus áreas de experiencia? ¿Cuándo y con qué frecuencia serían las sesiones? ¿Cómo y cuándo normalmente responde a los pacientes?

¿Qué haces si programas una cita con un terapeuta, pero con quien, más tarde, descubres que no sientes conexión? En este proceso siempre es bueno verificar tus motivos. A veces sentimos que no nos estamos conectando con el terapeuta por evitar enfrentarnos a los tópicos difíciles. Esto es debido a que nos hará sentir incómodos. Es importante reconocer que la terapia requiere trabajo y compromiso. Recuerda que es el trabajo del terapeuta desafiar tus pensamientos y a veces ayudarte a ser responsable por ti mismo.

Además, el ser desafiado a ir más allá de su zona de confort puede ayudarle a lograr y hacer progreso. Estate seguro a poder distinguir entre 1) alguien quién te inspira a confrontar lo que necesitas mientras a la vez apoyarte mientras te haces responsable por tus decisiones, y 2) alguien con quien simplemente no puedes conectarte, ya sea porque no te sientes lo suficientes seguro para ser honesto o simplemente es un choque de personalidades.

Cualquiera que sea el caso, es esencial que te asegures de que estás trabajando con alguien con quien sientes que puedes relacionarte. No debería tomar mucho tiempo para sentirse cómodo con la persona. Pero si se toma tiempo para construir una relación de trabajo consistente y confiable con su terapeuta.

De la misma manera, no es buena idea quedar en terapia solo porque no quieres herir los sentimientos del terapeuta. Quedarse en tratamiento simplemente porque te gusta el terapeuta aun si no mejoras es comprensible pero no productivo.

Como punto final, a menudo vemos pacientes en nuestra práctica que nos eligen a nosotros porque representamos (al menos simbólicamente) los tipos de las personas con las que tienden a tener un conflicto, y quieren trabajar a través de eso. Estos son algunos ejemplos.

Ejemplos Caso de Dolores Rodríguez-Reimann:

Esto es común en los matrimonios multiculturales donde mi paciente es de un origen cultural / racial diferente al mío, pero la pareja o cónyuge es latino / latina. A menudo, también he tenido pacientes masculinos que habían trabajado con terapeutas masculinos en el pasado, pero sentían que era hora de trabajar con una psicóloga. Esto puede ayudarles a trabajar a través de cuestiones en su relación con su madre o una jefa. Si estás trabajando con un terapeuta que realmente proporciona un entorno seguro, puede explorar y discutir estas cuestiones abiertamente.

Además, ocasionalmente el opuesto también sucede. He tenido muchos pacientes que escogen venir conmigo después de haberse sentido *"traicionados"* por un proveedor. Para estos pacientes el haber escogido anteriormente un proveedor que compartía una cultura o país de origen similar, implicaba que iban a compartir las mismas opiniones, experiencias, y percepciones. Como terapeuta, siempre les recuerdo a mis pacientes acerca de la diversidad que existe dentro de cualquier grupo y que la membresía no garantiza automáticamente el mismo punto de vista.

Además, es muy importante que las personas sepan que su tratamiento será confidencial. La confidencialidad incluye tanto el hecho que de ellos están en tratamiento como los detalles de la información compartida como parte del tratamiento. En nuestra experiencia la confidencialidad es una preocupación particular para personas que pertenecen a comunidades pequeñas culturalmente distintas. Con frecuencia se preocupan por los estigmas sociales asociados con las enfermedades mentales y que *"toda la comunidad sabrá"* si se les ve entrando en una oficina que brinda servicios de salud mental. Aquí hay un ejemplo que ilustra el punto:

Caso ejemplo De Joachim Reimann:

Hace algunos años, una paciente asiática-americana llego a una clínica que yo estaba administrando en ese momento. Una reseña de su información básica revelo que ella viajó bastantes millas para llegar a nuestra ubicación. Mientras que existe una clínica especializada en el tratamiento de asiático-americanos (y que además tenía una gran reputación) que se encontraba mucho más cerca de su casa. Mientras estábamos más que dispuestos a servir a este paciente, también le preguntamos si no sería más conveniente para ella obtener ayuda en la clínica que estaba cerca de ella y que tenía especialidad en su propia cultura. Ella respondió que ella no quería ser vista en esa clínica porque entonces *"todo el mundo lo sabría"*. La paciente estaba literalmente dispuesta ir millas extras para sentirse seguro y cómodo.

PSICOTERAPIAS—UNA VISIÓN GENERAL

La siguiente sección proporciona una visión general de las psicoterapias básicas, especialmente como estas se aplican con poblaciones de inmigrantes. Las descripciones no son comprensivas. Muchos tipos de terapias han sido intentadas a través de los años no siempre con buen éxito. Centraremos nuestra atención en aquellas terapias que usualmente trabajan bien, aquellos que tienen una larga historia de uso y/o son respaldadas por resultados de la investigación s que guardan su eficacia para ayudar a los pacientes.

También hay varias formas en que se realizan las terapias. Algunos implican sesiones individuales durante las cuales solo el paciente y el terapeuta están presentes. Algunos implican sesiones en las que participan otros miembros de la familia. Algunos involucran grupos en los que los participantes hablan sobre un tipo de problema específico (por ejemplo, enojo, el trauma, la depresión). Cuál funciona mejor depende de las circunstancias individuales del paciente. Las personas pueden empezar usando terapia individual y después agregar participar en un grupo si ellos creen que les será útil.

La terapia de grupo puede causar preocupaciones acerca de la confidencialidad. Irónicamente, la investigación del Medio Oriente muestra que, entre las poblaciones árabes, algunos grupos locales pueden ser bastante útiles.[193] Cuando pacientes aprenden que la participación en estos grupos es seguro esto puede ser de beneficio para ellos.

Antes de comenzar, debemos reconocer que históricamente los servicios de salud mental no siempre han tenido una buena reputación. Las primeras instituciones a menudo se conocían como "*manicomios*" y los tratamientos involucrados eran cuestionables como mínimo, por los estándares de hoy. Además, películas como "*Uno voló sobre el Nido del Cuco*", "*El Color de la Noche*" y "*Analiza Esto*" *en* ninguna parte se acerca a la realidad de lo que implica la psicoterapia. En la mayoría de las veces, retratan a personas con una mezcla de síntomas que no reflejan lo que sabemos de las diagnosis de la salud mental. En estos ejemplos, los terapeutas, y pacientes también tienden a desarrollar relaciones personales y, a veces, románticas que son ilegales y poco éticas. Eso puede ser un buen drama cinematográfico, pero no refleja la realidad de los límites y leyes que están para proteger a los pacientes de daño potencial. Si, de hecho, los proveedores cruzan los límites éticos con sus pacientes, probablemente pierden su licencia si su comportamiento es descubierto y reportado.

Por lo tanto, es importante recordar que el tratamiento de salud mental profesional no es como comúnmente se refleja. En seguida describimos algunos tipos de psicoterapias reales:

Psicoanálisis y terapias psicodinámicas: Los terapeutas que utilizan este enfoque a menudo se convierten en los estereotipos más comunes representado en películas y otros medios. Aquí, los pacientes se sientan en un sofá mientras el terapeuta se siente detrás de ellos. El paciente habla de lo que se les ocurre en ese momento. Enfoques psicoanalíticos y el psicoanálisis clásico comparten la premisa de que las causas de un trastorno mental se encuentran en la mente inconsciente. Según Sigmund Freud, quien desarrolló por primera vez este enfoque, describió que el comportamiento anormal es el resultado de conflictos pendientes que no necesariamente están en nuestra conciencia consciente. Porque si se reconoce, un conflicto doloroso probablemente causará angustia, la gente usa una gran cantidad de energía psíquica para mantener este conflicto fuera de su consciente. El tratamiento de psicoanálisis busca sacar el conflicto a la superficie. Se asume que una vez que este llegue a la conciencia, esto libera las energías reprimidas de la psique. Eso, a su vez, permite a los pacientes a lidiar con su entorno y su vida de manera más efectiva.

Los enfoques psicoanalíticos utilizan mucho de su tiempo de las sesiones en describir historias de la vida de los pacientes desde la infancia para descubrir una fuente inconsciente de los problemas que enfrentan. Pacientes a menudo se acuestan, se relajan y hablan de sus sueños, relaciones tempranas, las relaciones con los padres, y otros temas. Los psicoanalistas generalmente se sientan detrás de los pacientes para no distraerlos en este proceso. Esto presumiblemente da a los pacientes más capacidad para hablar lo que sea que se les llegue a la mente. Los psicoanalistas han reconocido el trauma enfrentado por algunos grupos de inmigrantes.[194] Pero, dado que el psicoanálisis es primeramente centrado en filosofías culturales europeas aún existen cuestiones de qué tan bien se traducirá en un apoyo efectivo para otras poblaciones.[191]

Curiosamente, las terapias psicodinámicas son muy populares en algunos países de América Latina (por ejemplo, Argentina y México).[195,196] La futura investigación podría encontrar que tan eficaz es este enfoque a través de diferentes culturas.

El Psicodrama: Este protocolo anima a los pacientes a crear actos y escenas en los cuáles otros pacientes y/o personal practican la comunicación para resolver conflictos interpersonales. El uso de este enfoque (en lugar de simplemente hablar sobre las dificultades emocionales) se supone permite a los pacientes identificar una clara visión de las causas de su angustia. Después del psicodrama, los terapeutas y los pacientes entonces pueden dialogar sobre lo que ellos han aprendido. El enfoque fue desarrollado por Jacob Moreno.[197]

Existen puntos positivos y negativos el usar este método. Aun si las demostraciones prácticas y lúdicas de los problemas de las personas pueden ser útiles. Al mismo tiempo, este enfoque requiere la interacción con varias personas. Eso es menos cómodo para los pacientes que están preocupados por la confidencialidad o simplemente no se sienten listos para participar en un proceso grupal.

La utilidad del psicodrama con las poblaciones inmigrantes no se entiende bien. Es notable que la técnica ha sido investigada en Turquía, Canadá, Finlandia, Brasil, Italia e Irán. Alguna mejoría emocional y de funcionamiento fue reconocida en estos estudios.[198,199]

Terapia Centrada en el Cliente o Centrada en la Persona: Este enfoque enfatiza el potencial de ver el bien en los pacientes. Más centralmente, enfatiza escuchar la experiencia de la persona con empatía y sin juicio. Esencialmente el terapeuta acepta lo que la persona tiene que decir independientemente de cómo el contenido es expresado. Entonces se centra en ayudar a los pacientes ganar una visión en los pensamientos y sentimientos actuales en lugar de los orígenes de sus dificultades.[191]

En la actualidad, la terapia centrada en la persona es mejor conocida como una base para la Entrevista Motivacional (MI). Esencialmente El MI usa enfoques verbales (por ejemplo, las frases usadas para hacer preguntas) ayuda a los pacientes encontrar sus razones para hacer cambio. No sorprendentemente que con diversos grupos étnicos, los resultados han sido mejores cuando los terapeutas utilizan un enfoque más individualizado y culturalmente informado en lugar de seguir un manual de paso a paso.[200,201] Un potencial es que en algunas culturas (por ejemplo, la india) los pacientes responden mejor a los *"médicos"* (considerados de alto estatus) cuando ellos les dicen de una manera directa lo que han de hacer.[94] Ésta estrategia no está al núcleo central del enfoque centrado en la persona.

Las formas centradas en la persona de llevar a cabo la terapia pueden ser particularmente útiles con gente quienes se sienten frecuentemente juzgados por otros o que se juzgan a sí mismos. Esto puede incluir personas quienes han perpetrado violencia en circunstancias donde el hacerlo aseguro su propia supervivencia (por ejemplo, niños soldados coaccionados que ahora son adultos). Encontrar un lugar donde no sean juzgados les puede ayudar a mover hacia delante de maneras más productivas.

Terapia de Comportamiento Cognitivo (TCC). Fue primeramente desarrollado por Aarón Beck[202] TCC es una las terapias más investigadas en la psicología. Está basada en la premisa de que nuestras creencias y pensamientos distorsionados nos causa tener percepciones negativas y, por lo tanto, tomar acciones contraproducentes. La TCC se centra en sentimientos, pensamientos y comportamientos. El terapeuta no les dice a sus pacientes que sus pensamientos son *"incorrectos"*. Sino que se exploran formas alternativas de pensar sobre las mismas circunstancias en una colaboración entre el terapeuta y el paciente. Esto implica maneras a responder a los estresores de maneras más constructivas. Los pacientes también aprenden a guardar un diario donde graban eventos de sus vidas, incluyendo cómo tienden a responder o reaccionar ante eventos de estrés. La TCC crea un documento en el que el terapeuta y el paciente utilizan para comprender los patrones de pensamiento autodestructivos que causan dificultades emocionales y de comportamiento. Una vez que estas dificultades son reveladas, patrones de pensamiento y comportamientos más efectivos pueden ser desarrollados.[203]

La TCC se usa ampliamente para tratar varios trastornos y afecciones en niños, adolescentes y adultos. Estos incluyen trastornos emocionales (la ansiedad y la depresión), trastorno en la alimentación, fobias, y trastornos sexuales. En general es un enfoque muy práctico que lleva menos tiempo que otras terapias más tradicionales como como el psicoanálisis.

Muchos terapeutas, incluyéndonos a nosotros (los autores), no usamos un solo enfoque de tratamiento exclusivamente.

Pero la TCC es lo que practicamos más comúnmente. Se ha encontrado que es eficaz at través de muchos estudios incluyendo aquellos centrados en inmigrantes.[204] Weiss y Colegas por ejemplo encontraron que esta terapia tenía buenos resultados en el tratamiento de la ansiedad social en clientes que habían emigrado a los Estados Unidos desde América Central y China y cuyo idioma principal no era el inglés.[205]

Dado que, como se describió anteriormente, algunos grupos de inmigrantes sufren de historias traumáticas, es importante que la TCC se adapte a menciones que abordan estas cuestiones. Dos de estos enfoques son: TCC centrada en el trauma (TF-TCC) y TCC informada por el trauma.

TF-CBT es en gran parte diseñado para niños y adolescentes, así como para sus familias. Se centra en el manejo de las emociones de una manera saludable, es decir, en parte, desarrollando un entorno seguro y familiar en cuáles niños y los adolescentes pueden expresar sus problemas cómodamente. Una vez que esto se logra, se aplica la TCC regular. Los enfoques informados sobre el trauma (TI-CBT) tienen algunas similitudes. Aunque, además, también son usados con adultos. Como con todas las terapias un entorno de sentido de seguridad es importante. En nuestra experiencia, el TI-CBT implica enfoques psicoeducativos como parte de todo tratamiento. Cuando los pacientes aprenden sobre los desencadenantes emocionales y el hecho de que tales reacciones implican funciones del cerebro automáticas pero tratables, ellos entonces pueden entender que sus reacciones son comunes y no como evidencia de deficiencias personales. Este entendimiento ayuda a su vez, a que el tratamiento sea más eficaz. Allí, además existe una estrategia llamada Informe de Estrés por Incidentes Críticos (Critical Incident Stress Debriefing). Esto ayuda si el trauma no tiene mucho en que ocurrió. Desgraciadamente para muchos inmigrantes que experimentaron eventos traumáticos en su país de origen ya han pasado meses o incluso años. Las técnicas de informe son menos viables en estas circunstancias. Pero si pudiese ser útil si el trauma acaba de suceder (por ejemplo, en el proceso de cruzar la frontera) y un profesional de salud mental pudiera tratar al inmigrante ahí mismo.

La TCC también se ha adaptado para tratar el insomnio. A los pacientes a menudo se le dice que lleven un diario de sueño que identifique los problemas que interfieren con una buena noche de dormir. La higiene de dormir son técnicas desarrolladas. Esto puede incluir establecer horarios regulares para acostarse, no usar alcohol o cafeína, eliminando las luces brillantes (incluyendo las pantallas de computadora o teléfono celular), hacer ejercicios de respiración y tensión muscular para relajarse, evitar las siestas durante el día, evitar los pensamientos cómo solucionar problemas en su vida al acostarse, y otras estrategias dependiendo en las circunstancias individuales.

Terapia Dialéctica Conductual (DBT): DBT es otra forma de psicoterapia que se creó inicialmente para tratar desorden de personalidad de tipo límite. La investigación ha mostrado que además es útil en el tratamiento de trastornos del estado de ánimo, como la ideación suicida, autolesión, impulsos y el abuso de sustancias.[206]

Desarrollado por Marsha M. Linehan[207] como formulario modificado de la terapia de comportamiento cognitivo DBT se centra en la regulación emocional (como aprender a identificar los desencadenantes) y desarrollar formas más productivas de tolerancia al estrés. En ese proceso DBT trabaja para construir alianzas cooperativas entre pacientes y terapeuta y crear nuevas formas de hacer frente de manera efectiva a y resolver eventos difíciles de la vida. Utiliza la psicología occidental pero también integra tradiciones como la meditación.

Movimiento de Desensibilización y Reprocesamiento del Ojo (EMDR): La investigación has mostrado que el estimular alternadamente el lado derecho a izquierdo, de adelante hacia tras en el cerebro tiene un efecto calmante. Las personas se vuelven más relajadas y ponen más atención y se preocupan menos. Esto a menudo se hace que las personas miren a un objeto como como un lápiz que se mueve de un lado a otro frente a los ojos, tocando la mano izquierda y derecha, permitiéndoles escuchar sonidos de ida y vuelta entre el oído izquierdo y derecho y por otros medios. En general el proceso es frecuentemente llamado *estimulación bilateral* ("bilateral estimulación").

La desensibilización y reprocesamiento del movimiento ocular (EMDR) es un enfoque que utiliza dicha estimulación como una parte importante de su sistema. Originalmente desarrollado por Francine Shapiro[208,209] en el 2013 La Organización del Salud Mundial describieron reglas para practicar este método que se centra en un *"procesamiento asociativo espontáneo de memorias con un componente de estimulación bilateral* (por ejemplo, movimientos oculares)".[210]

En general EMDR es una terapia compleja que guía a los pacientes a través de ocho fases básicas. Estos abordan las creencias negativas que los pacientes tienen sobre sí mismos, así como las emociones y sensaciones que tienden a tener que se conectan con el trauma. También se les pregunta a los pacientes que se acuerden de imágenes angustiantes. Luego, el terapeuta involucra al paciente en un tipo de estimulación bilateral. Como se describió anteriormente éste puede tomar la forma de movimientos oculares de lado a lado, golpecitos con las manos, o

escuchando tonos. El tipo y largura de las sesiones de estos tratamientos son diferentes para cada paciente.

Atención Plena: Otra práctica común es la atención plena.
Básicamente este es un estado activo de centrar la atención hacia
el presente. Esto se describe como observar los pensamientos y
sentimientos de uno sin juzgarlos como buenos o malos. Se ha
definido la atención plana como *"la capacidad básica humana para
estar completamente presente y consciente de donde estamos y qué
estamos haciendo y no ser demasiados reactivos o abrumado por lo que
pasa a nuestro alrededor"* (ver mindful.org).[211]

La atención plena no es un enfoque de *"pensar en nada"*.
Nosotros sospechamos que eso sería difícil, si no imposible, de
lograr, al menos para la mayoría de los seres humanos. Más bien,
implica pasar tiempo pensando en este momento en lugar de
detenerse en el pasado o preocuparse por el futuro. Tampoco
juzga el valor de lo que la gente experimenta. Es un estado en
el que simplemente observamos nuestros pensamientos, sensaciones y emociones inmediatas.

Desarrollado a partir de la meditación oriental, la atención
plena fue adaptado a la cultura occidental por Jon Kabat-Zinn a
finales de la década de 1970 bajo el título de Mindfulness-Based
Stress Reduction (MBSR) para tratar el dolor crónico.[212]

El objetivo de la atención plena es desarrollar un estado mental que pueda traer una mayor paz mental y pensamiento racional. Esencialmente, ayuda a traer todo el desorden que generalmente compone nuestro pensamiento bajo un mejor control.

Una ventaja de la atención plena es que se puede incorporar
en otros enfoques de la terapia que hemos abordado anteriormente. Estos incluyen terapia cognitiva conductual y terapia de
comportamiento dialéctica.

La Psicología Positiva: Este enfoque se centra en las fortalezas y acciones personales que permiten a las personas ganar significado, satisfacción y propósito en sus vidas. La psicología positiva hace esfuerzos para ayudar a la gente encontrar a largo plazo maneras estables de sentirse mejor en lugar de experimentar periodos de felicidad breves. El énfasis es en el identificar usando y desarrollando la fuerza personal. Esto es diferente de otros enfoques en la psicología donde están más preocupados por las debilidades y los problemas. Esta práctica ayuda a la gente a desarrollar actitudes positivas que les permiten hacer más con las habilidades que ellos tienen. Esto incluye las actitudes que desarrollan hacia otras personas. Si tienen una actitud que muestra fe, buena voluntad y comprensión hacia los demás, esos otros presumiblemente responderán a ellos de la misma manera. La psicología positiva además ayuda a la gente dejar ir de actitudes y experiencias negativas.

ENFOQUES QUE SE PUEDEN AÑADIDIR A VARIOS TIPOS DE PSICOTERAPIA

Varias formas de ayudar a las personas no son un tratamiento o sistema integral. Sino pueden ser usados en unión con otras terapias. Aquí hay dos ejemplos:

Biofeedback es un tratamiento en el que los pacientes están conectados a monitores que proporcionan información sobre sus procesos biológicos tales como latidos del corazón, cantidad de sudor sobre la superficie de la piel y la presión sanguínea. Un sistema que ha ganado popularidad es el neurofeedback (EEG Biofeedback). Esto mide las ondas cerebrales, actividades biológicas de las que el paciente no está consciente. Los pacientes que usan la biorretroalimentación para aprender a monitorear y, en última instancia, influir en estas actividades.

Los psicólogos y médicos a menudo emplean la biorretroalimentación para ayudar controlar el estrés, dolor de cabeza, el asma, presión arterial sanguínea, y otras formas de tensión.[191] El neurofeedback ha sido usado como un tratamiento para la adicción, la ansiedad, la depresión y otros trastornos.

La Biblio-terapia: Esto a veces se conoce como *"terapia del libro"*, "terapia de poesía," o *"narración de cuentos terapéutico"* e implica leer textos específicos como parte de un proceso de resolución de problemas. Las películas en internet o los podcasts pueden ser alternativas a la lectura un libro.

La Biblio-terapia es a veces combinado con el guardar un diario en el que las personas pueden resumir lo que han leído. Pueden expresar y aclarar sus pensamientos y sentimientos en torno a temas específicos. En general este proceso has mostrado efectos positivos y perdurables para gente con depresión.[213,214]

En la terapia, los libros se seleccionan por el contenido que es relevante para las necesidades y situaciones de los pacientes. En general se piensa que el proceso implica tres fases básicas: 1) el lector se identifica con un personaje particular en el libro, 2) esto resulta en una liberación de emociones previamente mantenido atrás y 3) el lector entonces usa información más racional sobre las soluciones que se describen en el libro. Libros clásicos que se han utilizado en biblio-terapia incluye *"Leer para sanar"* por Jacqueline D. Stanley, *"La cura de la novela"* por Ella Berthoud y Susan Elderkin, y *"Leer por tu vida"* por José Oro.

La biblio-terapia obviamente no va a funcionar para las personas que no saben leer. Los medios públicos, como los podcasts y las comunicaciones informáticas, pueden ayudar en tales circunstancias (a veces nos sorprendemos por personas sin educación que pueden operar un teléfono inteligente con una experiencia extraordinaria.) Pero muchas culturas tienen tradiciones y sagas que se cuentan y repiten muchas veces. En el pasado, la narración de historias se usaba a menudo para el entretenimiento. Pero las historias que se transmitan de generación en generación son aquellos que también tienen lecciones sobre la vida. Esto no es la biblio-terapia, pero tiene rasgos comunes con ese método.

Terapia Convulsiva Eléctrica (TEC). La TEC suena aterradora. Su título original, *"terapia de choque,"* suena aún peor. Trae a colación visiones de asilos para los (locos) en cuáles los tratamientos parecían tortura.

La TEC de hoy todavía implica pasar una corriente eléctrica a través de la cabeza de los pacientes. Pero esto es realizado bajo anestesia general por un doctor médico. Es más frecuentemente usado como un último recurso para la depresión muy grave si otros tratamientos han fracasado. A pesar de su siniestro título alguno pacientes han descrito el TEC como un *"salvador"* de su vida. Lo experimentan como el equivalente cerebral de un reinicio de la computadora en el que los síntomas depresivos desaparecen en gran medida, o al menos por un tiempo. Sin embargo, existen varios inconvenientes. Primero, la anestesia general siempre conlleva riesgos. En adición algunas personas reportan la pérdida temporal de memoria a corto plazo, y el tratamiento generalmente no es una solución permanente ya que las sesiones de seguimiento son a menudo requeridas.

A pesar de sus beneficios potenciales para los pacientes con disfunción severa, tenemos algunas preguntas sobre la capacidad de la TEC con los grupos de inmigrantes, particularmente los sobrevivientes de trauma. Por ejemplo, la picana (esencialmente un tipo de producto de ganado) es un instrumento se sabe que algunos torturadores usan. Esta transmite una descarga eléctrica de alto voltaje, pero de baja corriente a la víctima. Por lo tanto, es probable que la perspectiva de una terapia convulsiva eléctrica desencadene temores sustanciales en inmigrantes y otros quienes han sido torturados.

Un tratamiento más reciente que ha sido descrito como una alternativa a la TEC es la Estimulación Magnética Transcraneal (EMT). En los EE. UU. fue autorizado por el Administración de Alimentos y Drogas (FDA) en octubre del 2008. Esencialmente, el método utiliza la estimulación magnética de áreas específicas en el cerebro. Se cree que esto causa una carga eléctrica que se compara con la misma y funcionan como el ECT. En general, TMS no requiere anestesia general, es más fácil de hacer, y causa menos tensión en el cuerpo. Algunas investigaciones han encontrado que poder ser útil en tratar la depresión.[215]

Los Medicamentos Psicotrópicos: Hay muchos tipos de medicamentos que ayudan con problemas mentales y emocionales. Estos incluyen antidepresivos, estabilizadores del estado de ánimo, medicamentos contra la ansiedad, y antipsicóticos.

La mayoría de estos medicamentos buscan regular a los neurotransmisores. Hay muchos neurotransmisores diferentes en el cuerpo humano. Ellos son básicamente mensajeros químicos que envían señales desde una neurona (una célula del sistema nervioso) a otra. Estos ayuda a decirle al cuerpo como debe funcionar. Varios neurotransmisores sirven para fines específicos. Por ejemplo, la serotonina influye en el estado de ánimo, la norepinefrina aumenta la presión arterial, y las endorfinas pueden desencadenar euforia.

Existen dos cosas importantes a recordar acerca de los medicamentos psicotrópicos. Primero, muchos necesitan cierto tiempo para establecerse en nuestros cuerpos. Los pacientes deben tomarlos de forma regular durante un tiempo antes de que se conozca su efectividad. Segundo hay múltiples medicamentos en cada categoría básica. Por ejemplo, hay en uso muchos tipos diferentes de antidepresivos. Dado a que existen diferencias en fisiología, un medicamento específico que funciona para un paciente no trabaje para otro, aunque parezca que ambos padecen de los mismos síntomas externos. Esto significa que el primer medicamento que un médico prueba puede requerir algunos cálculos. Si la medicación inicial no es efectiva o tiene efectos secundarios difíciles, es hora de probar uno diferente. Con frecuencia pacientes dejan de asistir con su psiquiatra porque sienten que el medicamento recetado *"no funciono como requerido"* y por lo tanto el doctor ha de ser incompetente. Pero no es necesariamente así. Cambiar a otra persona solo significa que el nuevo médico tiene que comenzar el mismo proceso desde el comienzo.

Es importante notar que los doctores de cabecera con frecuencia prescriben más medicamentos psicotrópicos que psiquiatras.[216] Tales doctores son a menudo los primeros proveedores que muchas personas con problemas buscan de ayuda. Los doctores primarios tienen una gama ancha de responsabilidades y tratan gente con toda clase de problemas. Pero con frecuencia no son especialistas en salud mental. Por lo tanto, es mejor recibir de ellos una referencia a un psiquiatra.

Cuando hablamos de medicamentos psicotrópicos siempre deben ser comenzados y/o terminados bajo el cuidado y la supervisión de un médico, la mayoría no forman hábito. Una excepción es un grupo de medicamentos llamados benzodiazepinas que se utilizan para tratar la ansiedad. Entre estos, se incluyen ejemplos como el Xanax, Klonopin, Ativan, y Valium. Todos estos medicamentos son potencialmente adictivos. Otra cosa para considerar es que no todos los medicamentos aprobados para su uso en un país están disponibles automáticamente en todas partes. A medida que los inmigrantes se mudan, los medicamentos a los que están acostumbrados pueden no ser accesibles en su nuevo hogar. Esto incluye medicamentos que son vendidos sin receta. En cuanto posible, es importante estar consciente y tener un plan para tales circunstancias.

Una combinación de medicamentos psicotrópicos y psico-terapia se usa a menudo con pacientes que tienen problemas emocionales. Los medicamentos pueden mejorar los síntomas más rápidamente. Pero la psicoterapia es mejor para ayudar a los pacientes a adquirir la capacidad personal para mantener mejoras a largo plazo. En general, combinando la psicoterapia, los medicamentos y aumentado el soporte social se ha descrito como el estándar de oro en tratar problemas emocionales.[217]

Entre varios medicamentos psicotrópicos, los antipsicóticos son particularmente importantes. Como se discutido en una sección anterior, la psicosis como la esquizofrenia tiene una fuerte base biológica. Por lo tanto, es poco probable que la tera-pia de conversación por sí sola sea efectiva. La buena noticia es que cuando los medicamentos trabajan como se desea, mejora las vidas de las personas de una manera substancial. Aquí es un ejemplo:

> **Caso Ejemplo de Joachim Reimann:**
> Hace varios años trabaje con un paciente quién tenía una historia de psicosis. Él había sido hospitalizado múltiples veces y estaba asistiendo en una casa de crisis donde yo lo atendí. A esta persona le disgustaba tomar medicamentos que el realmente no los necesitaba y no quería ser dependiente de sustancias. Sin embargo, comenzó a tomar un antipsicótico. El paciente describió los cambios que luego experimento como "ponerse gafas

por primera vez en dos años". Finalmente pudo ver el mundo tal como era. En este proceso él lloro por las relaciones y oportunidades extraviadas debidas a la psicosis. Pero también se sentía seguro de que ahora finalmente podía seguir adelante y poner su vida en orden.

TRATAMIENTOS PARA EL ABUSO DE SUSTANCIAS

El abuso de sustancias es otro tema de gran importancia. Frecuentemente ocurre junto con un trastorno mental. Esto se describe comúnmente como un *"diagnóstico dual"* o *"trastornos en coexistencia"*.[218] Una pregunta frecuente es: ¿El abuso de sustancias desencadenó el trastorno mental o un trastorno mental desencadenó el abuso de sustancias? La segunda opción es vista cada vez como más probable.

Los tratamientos de abuso de sustancias pueden implicar numerosos servicios profesionales y a par sistemas de apoyo. Dos metas comunes dependiendo en cuál tratamiento es usado son *"abstinencia"* y *"reducción del daño"*. Como su nombre lo indica, el objetivo final de la abstinencia es el dejar por completo el consumo de sustancias. La reducción de daños no necesariamente requiere una abstinencia completa, pero busca limitar el daño que los usuarios de sustancias se hacen a sí mismos, a quienes los rodean (como familiares y amigos) y a la sociedad en general (como reducir el número de incidentes de conductores incapacitados).

Profesionalmente nuestra vista es que los pacientes son mejor servidos cuando el tratamiento se centra en la persona entera y la familia en lugar de exclusivamente en el consumo de sustancias. El tema de cómo se hace esto requiere su propio libro. Pero la investigación ha identificado una serie de intervenciones útiles que se resumen a continuación. Estos incluyen la TCC. Aprender habilidades de comportamiento que disminuyen la ansiedad y depresión y reforzar un sistema de apoyo positivo que puede respaldar confianza de limitar el uso de las sustancias. La TCC con participación familiar ha sido particularmente eficaz con niños y adolescentes.[219] Los grupos de TCC pueden promover habilidades sociales y control emocional apropiado para la edad. Algunos de estos grupos se pueden hacer en la escuela.

Además, Alcohólicos Anónimos (AA) y Narcóticos Anonymous (NA) son sistemas de recuperación ampliamente conocidos. En breve resumen, estos programas implican reuniones en las que los participantes comparten sus experiencias y reconocen su problema con dependencia en sustancias y vida en general. En su núcleo el sistema implica doce pasos en los que los participantes se dan a sí mismos a un poder superior, hacer un inventario de sus problemas, reconocen tales problemas frente a otros en el grupo, entienden que sus problemas han lastimado a la gente, enmendar dónde es posible y repetir el proceso como necesario. El paso final es ayudar a otros con el mismo problema.

Como se señaló anteriormente, el sistema de 12 pasos se ha centrado tradicionalmente en aceptar un *"poder superior"*. Para las personas que están incómodas porque para ellos suena religioso, otros programas como recuperación racional (Rational Recovery-RR) pueden ser una opción. En lugar de que la persona se de a si mismo a un poder superior, el RR busca reforzar la creencia de las personas en su propia capacidad de cambiar sus acciones.

La mayoría de estos sistemas pueden fomentar la tutoría, la vinculación social, y habilidades que permiten a los participantes sentirse apoyados en sus esfuerzos renunciar y abstenerse del uso de droga y/o alcohol.

AA Describe se cómo una organización mundial. Los Alcohólicos Anónimo Servicios Mundiales (AAWS) produce AA literatura en más de 90 idiomas diferentes. Una lista de los países en los que opera se puede encontrar en https://www.aa.org/pages/en_US/find-aa-resources/world/1

Además, algunos medicamentos se han utilizado en casos de abuso de sustancias.[220] Estos incluyen cambiar a las personas adictas de su droga de elección a una que se presume que es más benigna, limita los síntomas y es finalmente diseñada para liberar gradualmente a las personas de su dependencia de sustancias por completo.

Los países europeos, incluidos el Reino Unido, Holanda y Suiza, han adoptado un enfoque en el que el abuso de sustancias se piensa cada vez más como una enfermedad social en lugar de una acción criminal. Como tal un centro principal de atención es en reducción de daño en lugar de abstinencia completa. Esto incluso puede incluir la prescripción de medicamentos de heroína para los consumidores de opioides con dificultades particulares.[221]

A primera vista, el sistema europeo parece prolongar en lugar de solucionar el problema. Pero el método parece tener algún éxito. En los Estados Unidos, por ejemplo, tuvieron diez veces más muertes relacionadas con las drogas que en Suiza en el 2018. Este cálculo toma en cuenta las diferencias en el tamaño de la población del país. En resumen, el enfoque de los suizos resultó en menos muertes entre las personas que fueron adictos a los opiáceos.[222]

Como se señaló hacia el comienzo de esta sección, nuestro estilo suele tratar de entender a nuestros pacientes dirigiéndonos a sus circunstancias en un sentido inclusivo. El abuso de sustancias puede ser un problema en el tratamiento psicológico, pero a menudo está relacionado con muchas otras experiencias y circunstancias en la vida de la persona. Como hemos dicho a lo largo de este libro, los inmigrantes y refugiados con frecuencia han experimentado y continúan experimentar una gran cantidad de estrés.

Para algunos de ellos, el abuso de sustancias es un intento de hacer frente a sus problemas.[115] Sin embargo, esto puede causar miedo adicional y vergüenza especialmente si su cultura o religión tiene fuerte tabúes contra el uso de drogas. Por consiguiente, eso es importante que los proveedores no juzguen los comportamientos como *"incorrectos"* (algo que el paciente a menudo ya sabe), sino que proporciona un entorno seguro en el que se pueden encontrar y aplicar soluciones constructivas.

LA PSICOLOGÍA CULTURAL E INTERCULTURAL

Algunas áreas de la psicología están más centradas en la investigación que busca comprender la naturaleza y los problemas humanos que en el desarrollo tratamientos específicos. Estos pueden agregar a nuestro conocimiento básico y proveer una ventaja de cómo proporcionar mejores servicios. Dos áreas que pueden informar particularmente el trabajo con poblaciones inmigrantes son la psicología cultural y la psicología intercultural.

La psicología cultural estudia cómo las normas y experiencias culturales moldean el funcionamiento psicológico de las personas.[223] Esto se ve como un proceso bidireccional. La cultura da forma a las personas y las personas dan forma a la cultura.[224] Dados los cambios en la cultura que los inmigrantes a menudo experimentan en sus viajes éste es un área importante de investigación.

Otra área de investigación es la psicología intercultural. Las dos áreas son diferentes en que la psicología cultural explora una cultura sin necesariamente compararla con otras. La psicología transcultural explora cómo algunos procesos psicológicos son más universales y similares en varias culturas.[225]

Ambos ámbitos de investigación aportan información sobre la forma en que los terapeutas pueden entender y comunicarse con personas de otros países y culturas. Esto puede incluir cosas tales cómo la gente percibe la salud y la enfermedad, y si tienen creencias sobre métodos de curación tradicionales.[226]

LA TELEMEDICINA Y LOS FOROS EN LÍNEA

En nuestro libro Inmigrantes Conceptos: *Vías de la vida hacia la integración* utilizamos un capítulo para describir cómo la pandemia del COVID-19 ha impactado el mundo en general y las comunidades de inmigrantes en particular. También discutimos cómo nuestra práctica clínica ha tenido que adaptarse para que pudiésemos continuar proporcionando cuidado para nuestros pacientes bajo circunstancias pandémicas mientras a la vez respetando pautas de salud pública.

Comprensiblemente, el enfoque científico ha sido en el desarrollo preventivo de vacunas y medios eficaces de tratamientos. Pero la pandemia también ha causado un aumento de la angustia emocional. Los investigadores que utilizaron datos en todo los Estados Unidos, por ejemplo, encontraron que entre el mes de abril y mayo del 2020, los reportes de la ansiedad, la depresión, o combinación de ambas en adultos fueron tres veces más probables que las reportadas durante la primera mitad del 2019.[227] En adición datos reunidos por Salud Mental de los

Estados Unidos (Mental Health America) mostro que de febrero a agosto del 2020 388,961 de personas reportaron depresión o ansiedad moderada o grave más allá de lo que se hubiera esperado antes de la pandemia del COVID-19. Además, pensamientos suicidas entre los sobrevivientes de trauma aumentaron dramáticamente.[228] Un estudio de la corporación de Rand (2020) también encontró un aumento del 54% en las ventas de alcohol a nivel nacional en los Estados Unidos, en comparación con las cifras anteriores a COVID-19.

Dadas las restricciones de COVID-19, hemos confiado en servicios de la telesalud durante la pandemia. Durante la transición a un formato de telemedicina se tomó poco tiempo para que los pacientes y los proveedores se acostumbraran. Sin embargo, nosotros encontramos que la mayoría de nuestros pacientes fueron capaces de navegar los cambios sin dificultades. Además, de la misma manera incluso nos fue claro que el uso de la tecnología nos trajo ventajas, más allá de mejorar la seguridad contra el virus. Nos permitió una mayor flexibilidad en la programación (los pacientes ya no necesitan tomar tiempo fuera de su día para viajar a nuestra oficina para atender a su hora de la cita). La necesidad de obtener cuidado infantil para que los padres puedan asistir a la terapia también fue reducida. En adición para los pacientes quiénes habían viajado fuera de la ciudad por razones de trabajo o personales todavía podrían guardar sus citas regulares. La telemedicina ya existía antes de la pandemia del COVID-19. Pero esa pandemia causó que ambos proveedores y pacientes se familiarizaran más y reconocer que, en determinadas circunstancias, también tiene ventajas. Por estas razones, han aumentados los anuncios para plataformas de terapia en línea. A veces referido como *"e-terapia"* o *"terapia del internet,"* la terapia en línea no está diseñado para personas con una emergencia de salud mental que requiere cuidado médico de urgencia. Pero si puede proporcionar cuidado más consistente para gente que viven en comunidades rurales desatendidas, los que realmente están temerosos de dejar sus casas o aquellos quién no pueden tener acceso a tratamiento debido a otras razones.

La terapia en línea ofrece tres formas básicas de recibir tratamiento: chat en tiempo real, chat de video y chat telefónico. Hemos encontrado conexiones por vídeo ser más útiles ya que permite que tanto el terapeuta y su paciente se puedan ver uno a otro. Eso proporciona más oportunidades para establecer una buena relación. Si es necesario en ciertas circunstancias, también hemos utilizado llamadas telefónicas como otra opción.

A pesar de algunas ventajas, la telemedicina también tiene inconvenientes. Requiere que el paciente tenga la tecnología disponible por computadora o teléfono. En adición no todas las plataformas incluyendo las de correo electrónico pueden asegurar la confidencialidad. Mientras los correos electrónicos y los mensajes de texto permiten a los pacientes escribir preguntas de terapia, muchos de estos no son automáticamente seguras. En lugar de utilizar aplicaciones de video chat en línea comúnmente conocidas, nosotros confiamos más en aquellas que están diseñadas específicamente para proveedores de atención médica y que han incorporado salvaguardias de la confidencialidad como son requeridos por la ley.

En nuestra experiencia los mejores son los que no requieren que el paciente descargue cualquier cosa o registrarse en cualquier plataforma.

Dada la experiencia que adquirimos durante la pandemia, creemos que el videochat continuara siendo una parte viable de nuestra practica en general. Aun cuando no trabaje para todos, si permitirá cierta flexibilidad que no teníamos previamente. En el año desde que la pandemia creó confinamientos, por primera vez este formato no ha reducido nuestra capacidad a servir varios grupos de inmigrantes y otros grupos culturales. Nuestra experiencia es consistente con estudios que estudiaron este tema.[229]

COMENTARIOS ADICIONALES SOBRE EL TRATAMIENTO

Observando las tendencias internacionales, parece que ciertos tratamientos psicológicos son populares en diferentes países. Koç y sus colegas, por ejemplo, proporcionaron una visión general de qué terapias son especialmente populares en todas las partes del mundo.[230] La psicoterapia psicodinámica tendía a ser preferida en Argentina[195] así como en México.[196] En contraste el TCC es usado más a menudo en España,[231] Australia[232] y Turquía.[233]

Mientras que la mayoría de los terapeutas trabajan en gran medida utilizando un enfoque psicológico u otro, hay ocasiones en las que incorporamos una variedad más amplia de elementos basados en lo que los pacientes necesitan. Esto a menudo incluye la nutrición y actividad física para mejorar en exceso toda la salud, así como encontrar y utilizar una variedad de salidas sociales. Aquí hay un ejemplo:

> **Caso Ejemplo de Joachim Reimann:**
> Hace varios años atrás trabaje con una paciente quién tenía TEPT severo y complejo. Ella había experimentado múltiples eventos traumáticos y estaba muy aislada. Casi no hablaba, parecía no estar muy consciente de su entorno, y mostraba pocas emociones. Esta

paciente también tenía problemas físicos que limitaban su movimiento. Debido a que ella no hablaba inglés y tenía serias dificultades para prestar atención, no pudimos utilizar muchos aspectos comunes de tratamiento.

Afortunadamente tenía parentela que la apoyaban. Decidimos como parte de su terapia escoger un lugar dónde ella podría caminar por distancias cortas. El lugar era en un parque donde había bancos dónde ella podría descansar si lo ocupara. El lugar también tenía un pequeño lago lleno de patos. Su hija adulta comenzó a llevar diariamente a la paciente a caminar allí. Dado que caminar implica un ritmo de ida y vuelta, algunos los terapeutas han argumentado que esto tiene un elemento de estímulo bilateral.[234]

Con el tiempo, la paciente comenzó a ser más consciente de su entorno. También comenzó a hablar más y aun sonreía en algunas ocasiones. Si bien nuestro tratamiento no solo involucró las caminatas, creo que fueron útiles. La clienta estaba recibiendo atención de su hija y ya no estaba tan aislada en su casa todo el tiempo. Hacía más ejercicio físico, y en particular ella parecía realmente de disfrutar viendo a los patos.

Vale la pena decir que esta historia no es un ejemplo de cómo se usa formalmente el EMDR. Faltan muchos de los elementos y estrategias comprensivos que forman parte de EMDR. Como descrito previamente, la paciente no podría con los ejercicios cognitivos que son una parte estándar de este método. Los expertos en EMDR pueden responder que, si bien caminar con atención positiva de los familiares es saludable, no es una verdadera representación de lo ellos que hacen. Sin embargo, lo incluimos como un elemento que también se puede combinar con la *"estimulación bilateral".* Esto resultó ser útil, y en última instancia, dio un buen resultado.

ALGUNAS PALABRAS SOBRE LAS HOSPITALIZACIONES PSIQUIÁTRICAS:

Las hospitalizaciones psiquiátricas son realmente un tratamiento de último recurso. Son necesarias cuando los pacientes están tan deteriorados que no pueden cuidarse a sí mismos en la sociedad en general y / o representan un riesgo para sí mismos o para otros. Algunas hospitalizaciones en los Estados Unidos son *"involuntarios"* porque el riesgo es tal que la persona eventualmente pueda morir sin la hospitalización. En consecuencia, representantes de la ley, proveedores de servicios de salud mental y, a veces, los tribunales intervienen y exigen que la persona sea hospitalizada. Éste paso es no tomado ligera y típicamente la persona pierde sus libertades individuales temporalmente. Pero algunas hospitalizaciones son voluntarias. Esto es preferible porque la gente reconoce que necesitan ayuda inmediata y están más dispuestos a participar activamente en su tratamiento.

Aun cuando la mayoría de los miembros del personal del hospital hacen todo lo posible para ayudar a los pacientes bajo su cuidado, el entorno hospitalario puede ser difícil. Es difícil hacer buena terapia cuando la gente que está muy deteriorada se encuentra en un solo lugar. Podría decirse que la mayor *"ventaja terapéutica"* en un hospital es que está diseñada para asegurar que las persona no de dañen a sí mismos u otros.

En años recientes ha traído más atención a la *"estabilización de crisis"* como alternativa a la hospitalización completa. Los Centros de Estabilización de Crisis operan proporcionando servicios de salud mental a corto plazo (generalmente menos de 24 horas) pero continuos e intensivos a personas que corren el riesgo de hacerse daño. Estos servicios generalmente son proporcionados por un equipo de psiquiatras, psiquiátricos, enfermeras y otros profesionales de salud mental. El intento básico aquí es ayudar a la gente tratar con la crisis inmediata al punto donde luego pueden transferirse de manera segura a servicios en la comunidad ambulatorios.[235] Estos servicios han demostrado ser eficaces cuando los pacientes están sufriendo de niveles de angustia muy fuertes.[236] En mi (Joachim Reimann) experiencia como manejador de una unidad de estabilización de crisis en San Diego California, E.E.U.U. acerca de un 75% de los pacientes que vimos fueron desviados de manera segura de la hospitalización psiquiátrica completa. La Administración De La Salud Mental sobre el Abuso de las Substancias en los Estados Unidos (SAMHSA) ha incluido la estabilización de crisis en sus directrices nacionales para el cuidado practico de la salud del comportamiento en crisis (Toolkit).[237]

ALGUNOS COMENTARIOS ACERCA DEL CUIDADO DE LOS NIÑOS:

Por definición los niños tienden a tener menos conocimiento social que sus contrapartes adultas. De hecho, algunas notas de investigación describen que el lóbulo frontal del cerebro, el centro de control para formas sofisticadas de interaccionar en circunstancias sociales no madura hasta alrededor de los 25 años.[238] Pero a un nivel instintivo básico, los niños están conscientes de que su bienestar depende de los adultos que los rodean. Si los adultos no están funcionando bien, los niños ven un colapso y una amenaza a su seguridad y, a menudo, responden con el miedo y la ira. Cuando se discuten los criterios de diagnóstico del TEPT, el DSM-5 nota que probablemente los niños son más propensos de actuar en enojo cuando se encuentran con el trauma. Cuando los niños aprenden que la ira no es aceptada por sus padres o la sociedad, ellos luego desarrollan una estrategia pasivo-agresiva para tratar con el mundo.

En resumen, los niños no son solo pequeños adultos. Tienen diferentes formas de pensar y reaccionar. En consecuencia, las terapias que dependen en conversaciones lógicas tienden a ser menos eficaces con ellos. En cambio, los enfoques que utilizan varias formas de juego pueden ser más útil. He aquí un ejemplo:

> **Caso ejemplo de Joachim Reimann:**
> Mientras trabajaba como psicólogo en una facilidad de detención juvenil, trate a una chica México Americana de 13 años. Ella tenía fama de romper las reglas y meterse en problemas. Cuando se encontró con las consecuencias, se enojaba, maldecía a la gente y se volvía físicamente combativa. Miembros del personal de libertad condicional que trabajaban en ese lugar la habían etiquetado como "*antisocial*".
>
> En lugar de hablar por largos ratos con ella sobre sus problemas de comportamiento decidí comenzar a jugar a las cartas con ella. Con frecuencia los menores detenidos juegan a las cartas y saben mucho acerca de esos juegos. Yo sé muy pocos juegos de tarjetas. La muchacha se convirtió en mi maestra. Esto le dio poder en nuestra relación la cuál ella podría abusar fácilmente si así lo quisiera. Pero ella no lo decidió así. En lugar, se mostró muy paciente conmigo. Me señalaba los errores que cometía mientras estaba aprendiendo, errores que ella podría haber usado fácilmente para ganar en los juegos. Estaba claro que esta niña mostró empatía en directa

oposición a su reputación antisocial. También, no me pidió favores especiales. El jugar con las cartas me permitió observar su funcionamiento directamente. Incluyendo el potencial de hacer mejor su tiempo durante la detención. De hecho, fue capaz y logro salir de la detención y sellar sus registros juveniles así que no serían o causaran problemas para ella cuando se volviera adulta.

EPÍLOGO

Como en todos los libros de nuestra serie, este volumen ofrece información acerca de la salud y bienestar que esperamos sea útil para los inmigrantes y las personas que trabajan con ellos. Siempre es importante que los nuevos conocimientos se compartan entre los investigadores en revistas académicas. Esto permite a los profesionales aprender y refinar cómo entendemos la salud mental y la enfermedad. Pero desafortunadamente, tal conocimiento no siempre llega a la gente que necesita ayuda. Buscamos cerrar esa brecha. Además, es importante conocer las circunstancias que son específicas de las muchas culturas de grupos de inmigrantes. Esto requiere que prestemos atención a la investigación científica (por ejemplo, epidemiológica, véase glosario). Pero también requiere que pongamos atención a las circunstancias específicas de una comunidad que tal vez miembros fuera de ese grupo no estén consientes.

Hace algunos años atrás nos enteramos de que varios jóvenes en una comunidad inmigrante relativamente pequeña se habían suicidado en un corto período de tiempo. Esto no era bien conocido en la ciudad. Si no fuera porque hemos tenido conexiones con esta comunidad en particular, no nos hubiéramos enterado de la situación. Es innecesario decir que el saber de la situación fue alarmante. Obviamente, un suicidio es demasiado, pero según la información los números parecía que había una tendencia.

¿Qué estaba causando tal tendencia? habría otros que estaban contemplando o pensando en el suicidio? ¿habría otros intentos para cometer el suicidio?

Hubo mucha especulación acerca de por qué un número de personas habían escogido finalizar su vida. Pero no existían respuestas concretas o firmes as estas preguntas. Entonces, ¿que podríamos hacer? Como parte de un esfuerzo basado en la comunidad organizamos un plan de atender al problema de dos maneras. Primero, organizamos varias juntas para la comunidad con información acerca de la salud mental y proporcionamos información de cómo y dónde buscar ayuda. La intención aquí fue proveer información que aclarara lo que es la salud mental, y los síntomas de cuando aparecen problemas. Esta información fue presentada por médicos profesionales expertos en salud mental, pero más importante también incluía lideres religiosos de la región para aclarar cualquier malentendido que pudiese presentarse en el buscar ayuda de salud mental y creencias religiosas o tabúes.

Segundo desarrollamos una serie de talleres sobre la salud mental con proveedores de servicios de salud y otras personas que trabajan con la comunidad en cuestión. Con esto esperábamos capacitar a las personas en las circunstancias específicas que afectan a la comunidad y ayudar a mejorar el cuidado.

En resumen, sentimos que era importante que fomentemos a las personas que necesitaran asistencia y ayudarles a obtenerla. Además, con esto sentimos que era importante capacitar a las personas proveyendo ayuda que fueran capacitadas en las circunstancias específicas de esta comunidad y así mejorar y hacer que el tratamiento fuera lo más eficaz posible.

Nuestros esfuerzos fueron en respuesta a una emergencia. Para nosotros destacó que entre los pasos que hicimos, debería de ser parte de un proceso sistemático, organizado y continuo. En resumen, sentimos que es sumamente importante mejor ser proactivo y no reactivo. Si tal sistema hubiera existido, tal vez los suicidios no habrían ocurrido. Con este libro, tenemos la esperanza de agregar en pequeña parte a esa ayuda para los inmigrantes y quienes trabajan con ellos. Y así adquirir una mayor conciencia de las necesidades y circunstancias que pueden servir para una mejor salud mental y bienestar.

REFERENCIAS

1. UNHCR: How many refugees are fleeing the crisis in Afghanistan? (09/15/2021). https://www.unrefugees.org/news/how-many-refugees-are-fleeing-the-crisis-in-afghanistan/
2. Human Rights Watch. Afghanistan Facing Famine. November 11, 2021. https://www.hrw.org/news/2021/11/11/afghanistan-facing-famine#
3. United Nations: UN News - Invasion of Ukraine: Neighbors struggle with refugee influx; UN expresses 'horror' at Mariupol hospital attack 9 March 2022 https://news.un.org/en/story/2022/03/1113652
4. Jordan M. A New Surge of Ukrainians at U.S. Border. *New York Times,* April 6, 2022. https://www.nytimes.com/2022/04/06/us/ukraine-refugees-us-border.html
5. NPR: Why A Growing Number Of Haitian Migrants Are Headed To The U.S. September 29, 2021. https://www.npr.org/2021/09/29/1041462083/why-a-growing-number-of-haitian-migrants-are-headed-to-the-u-s
6. Al Jazeera. Poland-Belarus border: What you need to know about the crisis. https://www.aljazeera.com/news/2021/11/12/poland-belarus-border-what-you-need-to-know-about-the-crisis
7. Semuels A. Why isn't inflation ending? *Time Magazine*, March 14-21, 2022: 18
8. Schwartz SJ, Walsh SD, Ward C, Tartakovsky E, Weisskirch RS, Vedder P, Makarova E, Bardi A, Birman D, Oppedal B, Benish-Weisman M, Lorenzo-Blanco EI, Derya Güngör, Gonneke W J M Stevens, Benet-Martínez V, Titzmann PF, Silbereisen RK, Geeraert N. The role of psychologists in international migration research:

Complementing other expertise and an interdisciplinary way forward, *Migration Studies*, 01/242020.

9. Schulherr S. *Eating Disorders for Dummies*, 2008. Dummies, a John Wiley & Sons, Inc. Brand.

10. World Health Organization. *The ICD-10 classification of mental and behavioural disorders: Clinical descriptions and diagnostic guidelines.* 1992; Geneva: World Health Organization.

11. American Psychiatric Association. *Diagnostic and statistical manual of mental disorders (5th ed.).* 2013, Arlington VA: Author.

12. American Psychological Association. Ethical Principles of Psychologists and Code of Conduct Ethics (Including 2010 and 2016 Amendments). https://www.apa.org/ethics/code

13. UNHCR. Insecurity, economic crisis, abuse and exploitation in Libya push refugees and migrants to Europe, new study reveals. 07/032017. https://www.unhcr.org/en-us/news/press/2017/7/595a03bb4/insecurity-economic-crisis-abuse-exploitation-libya-push-refugees-migrants.html

14. UNICEF Advocacy Brief, Exploitation, trafficking and smuggling can be avoided. 10/2016. https://www.unicef.org/eca/sites/unicef.org.eca/files/press-releases/EXPLOITATION_TRAFFICKING_ADVOCACY_2.pdf

15. Tennant C, McLean L. The impact of emotions on coronary heart disease risk. *Journal of Cardiovascular Risk.* 2001 Jun;8(3):175-83.

16. Serafica R, Lekhak N, Bhatta T. Acculturation, acculturative stress and resilience among older immigrants in United States. *International Nursing Review.* 2019 Sep;66(3):442-448.

17. Bustamante LHU, Cerqueira RO, Leclerc E, Brietzke E. Stress, trauma, and posttraumatic stress disorder in migrants: a comprehensive review. *Revista Brasileira de Psiquiatria.* 2017 Oct 19;40(2):220-225.

18. Berry, JW, Kim U, Minde T. & Mok D. Comparative studies of acculturative stress. *International Migration Review. 1987;* 21:491-511.

19. Berry, JW, & Kim U. Acculturation and mental health. In PR Dasen, JW Berry, & N Sartorius (Eds.), *Cross-cultural research and methodology series, 1988; Vol. 10. Health and cross-cultural psychology: Toward applications* (p. 207–236). Sage Publications, Inc.

20. Potochnick SR, Perreira KM. Depression and anxiety among first-generation immigrant Latino youth: key correlates and

implications for future research. *Journal of Nervous and Mental Disease.* 2010;198(7):470-477.

21. Division 27 of the American Psychological Association. Statement on the Effects of Deportation and Forced Separation on Immigrants, their Families, and Communities. *American Journal of Community Psychology.* 2018;26:3-12.

22. Capps R, Gelatt J, Ariel G. Ruiz Ssoto A.G, & Van Hook J. Unauthorized Immigrants in the United States Stable Numbers, Changing Origins. *Migration Policy Institute.*, 12/2020. https://www.migrationpolicy.org/sites/default/files/publications/mpi-unauthorized-immigrants-stablenumbers-changingorigins_final.pdf

23. Capps R, Koball H, Campetella A, Perreira K. Implications of Immigration Enforcement Activities for the Well Being of Children in Immigrant Families. *Migration Policy Institute*, 09/2015. https://www.urban.org/sites/default/files/alfresco/publication-exhibits/2000405/2000405-Implications-of-Immigration-Enforcement-Activities-for-the-Well-Being-of-Children-in-Immigrant-Families.pdf

24. Fact Sheet, U.S. Citizen Children Impacted by Immigration Enforcement *American Immigration Council*, 01/24/2021. https://www.americanimmigrationcouncil.org/research/us-citizen-children-impacted-immigration-enforcement

25. Borrego J Jr., Ortiz-González E, Gissandaner TD. Chapter 21 - Ethnic and Cultural Considerations. In SN Compton, MA Villabø, H Kristensen Eds. *Pediatric Anxiety Disorders.* 2019, Pages 461-497. Elsevier

26. Williams DR, Haile R, González HM, Neighbors H, Baser R, Jackson JS. The mental health of Black Caribbean immigrants: results from the National Survey of American Life. *American Journal of Public Health.* 2007 Jan;97(1):52-9.

27. Salas-Wright CP, Vaughn MG, Clark TT, Terzis LD, Córdova D. Substance use disorders among first-and second-generation immigrant adults in the United States: evidence of an immigrant paradox? *Journal of Studies on Alcohol and Drugs.* 2014; 75(6):958-967.

28. Kolker, C. *The Immigrant Advantage: What we can learn from Newcomers to America about Health, Happiness, and Hope.* 2014, New York: Free Press

29. Lin JT, Mollan KR, Cerami C. The Consequences of Isolating at home. *Clinical and Infect Diseases.* 2021 Nov 2;73(9):e2823.

30. Da Silva N, Dillon FR, Rose Verdejo T, Sanchez M, De La Rosa M. Acculturative Stress, Psychological Distress, and Religious Coping Among Latina Young Adult Immigrants. *The Counseling Psychologist.* 2017;45(2):213-236.

31. Reimann JOF, Ghulam M, Rodríguez-Reimann DI, Beylouni MF. Project Salaam: Assessing mental health needs among San Diego's greater Middle Eastern and East African communities. *Ethnicity & Disease.* 2007 Summer; 17(2 Suppl 3):S3-39-S3-41.

32. Kent BV, Stroope S, Kanaya AM, Zhang Y, Kandula NR, Shields AE. Private religion/spirituality, self-rated health, and mental health among US South Asians. *Quality of Life Research.* 2020 Feb;29(2):495-504.

33. Smokowski PR, Roderick R, Martica LB. Acculturation and Latino Family Processes: How Cultural Involvement, Biculturalism, and Acculturation Gaps Influence Family Dynamics. *Family Relations.* 2008 57(3):295-308.

34. Perez RM. Linguistic Acculturation and Context on Self-Esteem: Hispanic Youth Between Cultures, *Child and Adolescent Social Work Journal.* 2011; 28(3):203-228.

35. Bedard P. Report: Illegal immigration leads to 2,200 deaths, 118,000 rapes, 138,000 assaults. *Washington Examiner.* August 21, 2018. https://www.washingtonexaminer.com/washington-secrets/report-illegal-immigration-leads-to-2-200-deaths-118-000-rapes-138-000-assaults

36. Arthur AR. An Incredibly Violent Journey the United States: The perils of illegal immigration. *Center for Immigration Studies* (October 25, 2018) https://cis.org/Arthur/Incredibly-Violent-Journey-United-States

37. European Union Agency for Fundamental Rights. *Current migration situation in the EU: Torture, trauma, and its possible impact on drug use.* (February 2017). https://fra.europa.eu/sites/default/files/fra_uploads/fra-february-2017-monthly-migration-report-focus-torture-trauma_en.pdf

38. The International Organization of Migration (IOM) *Missing Migrants Project*, 2019 Migration Data Portal the Bigger Picture updated March 17, 2020. https://missingmigrants.iom.int/

39. Armus, T. Four dead, dozens injured when suspected migrant smuggling boat capsizes near San Diego. *The Washington Post*, May 3, 2021.

40. At Least 27 Dead After Migrant Boat Capsizes in English Channel, *New York Times*. 11/04/2021. https://www.nytimes.com/2021/11/24/world/europe/migrants-boat-capsize-calais.html

41. Nesteruk O. Immigrants Coping with Transnational Deaths and Bereavement: The Influence of Migratory Loss and Anticipatory Grief. *Family Process*. 2018 Dec;57(4):1012-1028.

42. Mayo Clinic, Disease Reference, Complicated Grief https://www.mayoclinic.org/diseases-conditions/complicated-grief/symptoms-causes/syc-20360374

43. Kübler-Ross E. (1969). *On Death and Dying*. Milton Park: Routledge.

44. Traguetto J, Guimaraes TA. Therapeutic Jurisprudence and Restorative Justice in Brazil. *International Journal of Offender Therapy and Comparative Criminology*. 2020 May;64(6-7):654-673.

45. Decker MR, Holliday CN, Hameeduddin Z, Shah R, Miller J, Dantzler J, Goodmark L. Defining Justice: Restorative and Retributive Justice Goals Among Intimate Partner Violence Survivors. *Journal of Interpersonal Violence*. 2020 Aug 1:886260520943728.

46. Killikelly C, Bauer S, Maercker A. The Assessment of Grief in Refugees and Post-conflict Survivors: A Narrative Review of Etic and Emic Research. *Frontiers in Psychology*. 2018 9:1957.

47. Nesteruk O. Immigrants Coping with Transnational Deaths and Bereavement: The Influence of Migratory Loss and Anticipatory Grief. *Family Process*. 2018 Dec;57(4):1012-1028.

48. Smith HY & Jeffers, SL. *ABCs of healthy grieving: light for a dark journey*. 2001. Shawnee Mission Medical Center Foundation.

49. Tinghög P, Malm A, Arwidson C, Sigvardsdotter E, Lundin A, Saboonchi F. Prevalence of mental ill health, traumas and postmigration stress among refugees from Syria resettled in Sweden after 2011: a population-based survey. *BMJ Open*. 2017 Dec 29;7(12).

50. The Soufan Center. Syria: *The Humanitarian-Security Nexus*, 2017, Author.

51. Perreira KM, Ornelas I. Painful Passages: Traumatic Experiences and Post-Traumatic Stress Among Immigrant Latino Adolescents and Their Primary Caregivers. *Rev.* 2013;47(4).

52. Reuters Factbox: Evacuations from Afghanistan by country. https://www.reuters.com/world/ evacuations-afghanistan-by-country-2021-08-26/

53. Grossman, P. UN Rights Body Needs to Investigate Abuses in Afghanistan, Human Rights Watch. (08/23/2021). https://www.hrw.org/news/2021/08/23/ un-rights-body-needs-investigate-abuses-afghanistan

54. The women who hunted the Taliban. *The Week*, May 13, 2022, Pages 36-37.

55. Cook, C. Rebuilding Ukraine after the War; *Center for Strategies and International Studies*, 03/22/2022. https://www.csis.org/analysis/rebuilding-ukraine-after-war

56. Molina C. Zambrana, R.E., & Aguirre-Molina, M. The influence of culture, class, and environment on health care. In C.W. Molina & M. Aguirre-Molina (Eds.) *Latino health in the U.S.: A growing challenge.* 1994 (pp: 23-43), Washington, DC: American Public Health Association.

57. Hinton DE, Pich V, Marques L, Nickerson A, Pollack MH. Khyâl attacks: a key idiom of distress among traumatized Cambodia refugees. *Culture, Medicine and Psychiatry*. 2010 Jun;34(2):244-78.

58. Tydel, M., & Egit, M. The concept of nomogenic disorders. *Medicine & Law*, 1998 7:167-176.

59. Kaplan HI, & Sadock BJ. Synopsis of Psychiatry (6th ed.) 1991. Baltimore: Williams & Wilkins.

60. Mott FW. Mental hygiene and shell shock. *British Medical Journal*, 1917 2:39-42.

61. Slovenko R. Introduction. In R.I Simon, (Ed.) *Posttraumatic Stress Disorder in litigation: Guidelines for forensic assessment.* 1995 (pp xix-xxvii) Washington DC: American Psychiatric Press.

62. Jowett S, Karatzias T, Shevlin M, Albert I. Differentiating symptom profiles of ICD-11 PTSD, complex PTSD, and borderline personality

disorder: A latent class analysis in a multiply traumatized sample. *Journal of Personality Disorders.* 2020 Jan;11(1):36-45.

63. Ramos Z, Fortuna LR, Porche MV, Wang Y, Shrout PE, Loder S, McPeck S, Noyola N, Toro M, Carmona R, Alegría M. Posttraumatic Stress Symptoms and their Relationship to Drug and Alcohol use in an International Sample of Latino Immigrants. *Journal of Immigrant and Minority Health.* 2017 Jun;19(3):552-561.

64. Rivara F, Adhia A, Lyons V, Massey A, Mills B, Morgan E, Simckes M, Rowhani-Rahbar A. The Effects of Violence On Health. *Health Affairs (Millwood).* 2019 Oct;38(10):1622-1629.

65. Zito D. Kindersoldatinnen und -soldaten als Flüchtlinge in Deutschland [Child Soldiers as Refugees in Germany]. *Praxis der Kinderpsychologie und Kinderpsychiatrie.* 2016 Dec;65(10):763-780.

66. Bremner JD. Traumatic stress: effects on the brain. *Dialogues in Clinical Neuroscience.* 2006 8(4):445-61.

67. Fitzgerald JM, DiGangi JA, Phan KL. Functional Neuroanatomy of Emotion and Its Regulation in PTSD. *Harvard Review of Psychiatry.* 2018 May/Jun;26(3):116-128.

68. US National Center for PTSD. Anger, Trauma, and PTSD https://www.veteranshealthlibrary.va.gov/142,AD1036_VA

69. Bryant A. *Mindful Anger the Art of Transforming a Difficult Emotion into a Powerful Therapeutic Tool.* 2014, New York NY: WW Norton & Company.

70. Sapolsky RM. Stress and plasticity in the limbic system. *Neurochemical Research.* 2003 Nov;28(11):1735-42.

71. Arcadi P, Simonetti V, Ambrosca R, Cicolini G, Simeone S, Pucciarelli G, Alvaro R, Vellone E, Durante A. Nursing during the COVID-19 outbreak: A phenomenological study. *Journal of Nursing Management.* 2021 Jul;29(5):1111-1119.

72. Ebren G, Demircioğlu M, Çırakoğlu OC. A neglected aspect of refugee relief works: Secondary and vicarious traumatic stress. *Journal of Trauma Stress.* 2022 Feb 24.

73. Friedman-Gell, L & Barron, J. *Intergenerational Trauma Workbook.* 2020 Emeryville CA: Rockridge Press.

74. McPherson JI. Traumatic brain injury among refugees and asylum seekers. *Disability and Rehabilitation.* 2019 May;41(10):1238-1242.

75. Hendrickson RC, Schindler AG, Pagulayan KF. Untangling PTSD and TBI: Challenges and Strategies in Clinical Care and Research. *Current Neurology and Neuroscience Reports.* 2018 Nov 8;18(12):106.

76. American Psychiatric Association. *Diagnostic and Statistical Manual of Mental Disorders (4th ed. Text Revision).* 2000 Arlington, VA: Author.

77. Bandelow B, Michaelis S. Epidemiology of anxiety disorders in the 21st century. *Dialogues in Clinical Neuroscience.* 2015 17(3):327-335.

78. Szaflarski M, Cubbins LA, Meganathan K. Anxiety Disorders among US Immigrants: The Role of Immigrant Background and Social-Psychological Factors. *Issues in Mental Health Nursing.* 2017 38(4):317-326.

79. Kerridge BT, Chou SP, Pickering RP. Substance Use and Psychiatric Disorders Among Mexican Americans and Non-Hispanic Whites by Immigration Status. *Primary Care Companion for CNS Disorders.* 2019 Feb 28 21(1):18m02359.

80. Søegaard EGI, Kan Z, Koirala R, Hauff E, Thapa SB. Variations in psychiatric morbidity between traumatized Norwegian, refugees and other immigrant patients in Oslo. *Nordic Journal of Psychiatry.* 2020 Aug;74(6):390-399.

81. Brander G, Pérez-Vigil A, Larsson H, Mataix-Cols D. Systematic review of environmental risk factors for Obsessive-Compulsive Disorder: A proposed roadmap from association to causation. *Neuroscience & Biobehavioral Reviews.* 2016 Jun;65:36-62.

82. Foo SQ, Tam WW, Ho CS, Tran BX, Nguyen LH, McIntyre RS, Ho RC. Prevalence of Depression among Migrants: A Systematic Review and Meta-Analysis. *International Journal of Environmental Research and Public Health.* 2018 Sep 12;15(9).

83. Szaflarski M, Cubbins LA, Bauldry S, Meganathan K, Klepinger DH, Somoza E. Major Depressive Disorder and Dysthymia at the Intersection of Nativity and Racial-Ethnic Origins. *Journal of Immigrant and Minority Health.* 2016 Aug;18(4):749-763.

84. Vandeleur CL, Fassassi S, Castelao E, Glaus J, Strippoli MF, Lasserre AM, Rudaz D, Gebreab S, Pistis G, Aubry JM, Angst J, Preisig M. Prevalence and correlates of DSM-5 major depressive and related disorders in the community. *Psychiatry Research.* 2017 Apr;250:50-58

85. Dykxhoorn J, Hollander AC, Lewis G, Magnusson C, Dalman C, Kirkbride JB. Risk of schizophrenia, schizoaffective, and bipolar

disorders by migrant status, region of origin, and age-at-migration: a national cohort study of 1.8 million people. *Psychological Medicine.* 2019 Oct;49(14):2354-2363.

86. Sartorius N, Jablensky A, Korten A, Ernberg G, Anker M, Cooper JE, Day R. Early manifestations and first-contact incidence of schizophrenia in different cultures. A preliminary report on the initial evaluation phase of the WHO Collaborative Study on determinants of outcome of severe mental disorders. *Psychological Medicine.* 1986 Nov;16(4):909-28.

87. Dapunt J, Kluge U, Heinz A. Risk of psychosis in refugees: a literature review. *Translational Psychiatry.* 2017 Jun; 13;7(6).

88. Hollander AC, Dal H, Lewis G, Magnusson C, Kirkbride JB, Dalman C. Refugee migration and risk of schizophrenia and other non-affective psychoses: cohort study of 1.3 million people in Sweden. *BMJ.* 2016 Mar 15;352:i1030.

89. Brandt L, Henssler J, Müller M, Wall S, Gabel D, Heinz A. Risk of Psychosis Among Refugees: A Systematic Review and Meta-analysis. *JAMA Psychiatry.* 2019 Nov 1;76(11):1133-1140.

90. Cantor-Graae E, Selten JP: Schizophrenia and migration: a meta-analysis and review. *American Journal of Psychiatry* 2005; 162:12–24.

91. Werbeloff N, Levine SZ, Rabinowitz J: Elaboration on the association between immigration and schizophrenia: a population-based national study disaggregating annual trends, country of origin and sex over 15 years. *Social Psychiatry and Psychiatric Epidemiology* 2012; 47:303–311.

92. Shekunov, J, Immigration and Risk of Psychiatric Disorders: A Review of the Existing literature. *The American Journal of Psychiatry*, Residents' Journal (2016) 11(2):3-5. https://psychiatryonline.org/doi/10.1176/appi.ajp-rj.2016.110202

93. Eisenbruch M. From post-traumatic stress disorder to cultural bereavement: diagnosis of Southeast Asian refugees. *Social Science & Medicine* 1991; 33:673–680.

94. Vermeiden M, Janssens M, Thewissen V, et al. Cultural differences in positive psychotic experiences assessed with the Community Assessment of Psychic Experiences-42 (CAPE-42): a comparison of student populations in the Netherlands, Nigeria and Norway. *BMC Psychiatry.* 2019;19(1):244.

95. Magallón-Neri EM, Canalda G, De la Fuente JE, Forns M, García R, González E, Castro-Fornieles J. The influence of personality disorders on the use of mental health services in adolescents with psychiatric disorders. *Comprehensive Psychiatry*. 2012 Jul;53(5):509-15.

96. Salas-Wright CP, Kagotho N, Vaughn MG. Mood, anxiety, and personality *disorders among first and second-generation immigrants to the United States. Psychiatry Research*. 2014 Dec 30;220(3):1028-36.

97. Baleydier B, Damsa C, Schutzbach C, Stauffer O, Glauser D. Etude comparative des caractéristiques sociodémographiques et des facteurs prédictifs de soins de patients suisses et étrangers consultant un service d'urgences psychiatriques [Comparison between Swiss and foreign patients characteristics at the psychiatric emergencies department and the predictive factors of their management strategies]. *Encephale*. 2003 May-Jun;29(3 Pt 1):205-12.

98. Luden. Abnormal Psychology. Paranoid Personality Disorder. https://courses.lumenlearning.com/abnormalpsychology/chapter/paranoid-personality-disorder/

99. Chaney, JR. *SCHIZOID: The Native Immigrant*. 2018. Self Published.

100. Martens W.H.J. Terrorist with Antisocial Personality Disorder. *Journal of Forensic Psychology Practice*. 2003 45-56.

101. Merari, A. *Driven to death: Psychological and social aspects of suicide terrorism*. 2010; Oxford, UK: Oxford University Press.

102. Chavira DA, Grilo CM, Shea MT, Yen S, Gunderson JG, Morey LC, Skodol AE, Stout RL, Zanarini MC, McGlashan TH. Ethnicity and four personality disorders. *Comprehensive Psychiatry*. 2003 Nov-Dec;44(6):483-91.

103. Rodda SN, Lubman DI. The challenge of routine follow-up in e-mental health services. *Australian and New Zealand Journal of Psychiatry*. 2014 May;48(5):488-9.

104. Pascual JC, Malagón A, Córcoles D, Ginés JM, Soler J, García-Ribera C, Pérez V, Bulbena A. Immigrants and borderline personality disorder at a psychiatric emergency service. *British Journal of Psychiatry*. 2008 Dec;193(6):471-476.

105. Paris J. Cultural factors in the emergence of borderline pathology. *Psychiatry*. 1996 Summer;59(2):185-92.

106. Lyons, PA, Coursey, LE, & Kenworthy JB. National Identity and Group Narcissism as Predictors of Intergroup Attitudes Toward

Undocumented Latino Immigrants in the United States. *Hispanic Journal of Behavioral Sciences*, 2013 35 (3): 323.

107. Westphal M, Olfson M, Bravova M, Gameroff MJ, Gross R, Wickramaratne P, Pilowsky DJ, Neugebauer R, Shea S, Lantigua R, Weissman M, Neria Y. Borderline personality disorder, exposure to interpersonal trauma, and psychiatric comorbidity in urban primary care patients. *Psychiatry*. 2013 Winter;76(4):365-80.

108. Mustelin L, Hedman AM, Thornton LM, Kuja-Halkola R, Keski-Rahkonen A, Cantor-Graae E, Almqvist C, Birgegård A, Lichtenstein P, Mortensen PB, Pedersen CB, Bulik CM. Risk of eating disorders in immigrant populations. *Acta Psychiatrica Scandinavica*. 2017 Aug;136(2):156-165.

109. Renzaho AM. Fat, rich and beautiful: changing socio-cultural paradigms associated with obesity risk, nutritional status and refugee children from sub-Saharan Africa. *Health Place*. 2004;10:105–13.

110. Musaiger AO, Shahbeek NE, Al-Mannai M. The role of social factors and weight status in ideal body-shape preferences as perceived by Arab women. *Journal of Biosocial Science*. 2004 36:699–707.

111. Naigaga, D.A., Jahanlu, D., Claudius, H.M. et al. Body size perceptions and preferences favor overweight in adult Saharawi refugees. *Nutrition Journal* 17, 17 (2018).

112. United Nations Office on Drugs and Crime. *World Drug Report 2020: Global drug use rising while COVID-19 has far-reaching impact on global drug markets.*
https://www.unodc.org/unodc/press/releases/2020/June/media-advisory---global-launch-of-the-2020-world-drug-report.html

113. Centers for Disease Control and Prevention. *Overdose Deaths Accelerating During COVID-19*. Press Release. December 17, 2020.
https://www.cdc.gov/media/releases/2020/p1218-overdose-deaths-covid-19.html

114. National Center for Drug *Abuse Statistics, Drug Abuse Statistics*. https://drugabusestatistics.org/

115. National Institute on Alcohol Abuse and Alcoholism. (2005). Module 10F: Immigrants, refugees, and alcohol. In *NIAAA: Social work education for the prevention and treatment of alcohol use disorders* (NIH publication). Washington, D.C.

116. Caetano R. Clark CL, Tam T. Alcohol consumption among racial/ ethnic minorities: Theory and research. *Journal of Alcohol, Health, and Research.* 1998 22 (4): 233–241.

117. Alhashimi FH, Khabour OF, Alzoubi KH, Al-Shatnawi SF. Attitudes and beliefs related to reporting alcohol consumption in research studies: a case from Jordan. *Pragmatic and Observational Research.* 2018;9:55-61.

118. Vamsi K. Koneru, Amy G. Weisman de Mamani, Patricia M. Flynn, Hector Betancourt Acculturation and mental health: Current findings and recommendations for future research, *Applied and Preventive Psychology* 12 2007 76–96.

119. National Institute on Alcohol Abuse and Alcoholism. *Module 10F: Immigrants, refugees, and alcohol.* In Social work education for the prevention and treatment of alcohol use disorders. Washington, D.C. https://slideplayer.com/slide/3841167/

120. Murray, K. & Parisi, T. *Addiction and Refugees and Immigrants.* Addiction Center. March 2, 2020. https://www.addictioncenter.com/addiction/refugees-immigrants/

121. Odenwald M. al'Absi M. Khat use and related addiction, mental health and physical disorders: the need to address a growing risk. *Eastern Mediterranean Health Journal* 2017 23(3):236-244.

122. Manghi, R, Broers, B. Khan, R. Benguettat, D. Khazaal, Y. Zullino, DF. Khat use: lifestyle or addiction. *Journal of Psychoactive Drugs.* 2009 41(1):1–10.

123. Katselou M, Papoutsis I, Nikolaou P, Qammaz S, Spiliopoulou C, Athanaselis S. Fenethylline (Captagon) Abuse - Local Problems from an Old Drug Become Universal. *Basic & Clinical Pharmacology & Toxicology.* 2016 Aug;119(2):133-40.

124. Crocq MA. Historical and cultural aspects of man's relationship with addictive drugs. *Dialogues in Clinical Neuroscience.* 2007 9(4):355-361.

125. National Institute on Drug Abuse. *Overdose Death Rates.* https://www.drugabuse.gov/drug-topics/trends-statistics/ overdose-death-rates

126. World Health Organization, Fact Sheet, *Opioid overdose.* https://www.who.int/news-room/fact-sheets/detail/opioid-overdose

127. Kocamer Şimşek B, Dokur M, Uysal E, Çalıker N, Gökçe ON, Deniz İK, Uğur M, Geyik M, Kaya M, Dağlı G. Characteristics of the injuries

of Syrian refugees sustained during the civil war. *Ulusal travma ve acil cerrahi dergisi. (Turkish Journal of Trauma & Emergency Surgery)* 2017 May;23(3):199-206.

128. Bartovic J. Injuries and violence in migrants and refugees as a major health challenge, *European Journal of Public Health*, Volume 30, Issue Supplement 5, September 2020, ckaa165.132.

129. Moyce SC, Schenker M. Occupational Exposures and Health Outcomes Among Immigrants in the USA. *Current Environmental Health Reports.* 2017 Sep;4(3):349-354.

130. Dragioti E, Tsamakis K, Larsson B, Gerdle B. Predictive association between immigration status and chronic pain in the general population: results from the SwePain cohort. *BMC Public Health.* 2020 Sep 29;20(1):1462.

131. Solecki, Susan, and Renee Turchi. Pharming: pill parties can be deadly for teens. Contemporary Pediatrics. https://www.contemporarypediatrics.com/view/pharming-pill-parties-can-be-deadly-teens

132. World Health Organization. *Suicide Data.* https://www.who.int/data/gho/data/themes/mental-health/suicide-rates

133. Schwartz A. College Students Suicide in the United States: 1990-1991 Through 2003-2004. *Journal of American Health.* 2006 54 (6): 341–352

134. Sally C. Curtin SC, Margaret Warner M. Holly Hedegaard, H. Increase in suicide in the United States, 1999–2014 *NCHS Data Brief* April 2016. https://pubmed.ncbi.nlm.nih.gov/27111185/

135. Puzo Q , Mehlum, L, Qin P. Rates and characteristics of suicide by immigration background and Norway. *PLOS ONE* September 28, 2018. https://journals.plos.org/plosone/article?id=10.1371/journal.pone.0205035

136. Brennecke G, Stoeber FS, Kettner M, et al. Suicide among immigrants in Germany. *Journal of Affective Disorders.* 2020 Sep;274:435-443.

137. Khan F, Waheed W. Suicide and self-harm in South Asian immigrants (Review), *Psychiatry*, 2009 8(7):261-264.

138. Hedna K, Hensing G, Skoog I, Fastbom J, Waern M. Sociodemographic and gender determinants of late-life suicide in

users and non-users of antidepressants. *European Journal of Public Health.* 2020;30(5):958-964.

139. Kubista MG. Higher suicide risk among older immigrants with untreated depression. *Medical Xpress: Psychology & Psychiatry* October 2020.
https://medicalxpress.com/news/2020-10-higher-suicide-older-immigrants-untreated.html

140. Fortuna LR, Álvarez K, Ramos Ortiz Z, et al. Mental health, migration stressors and suicidal ideation among Latino immigrants in Spain and the United States. *European Psychiatry.* 2016 36:15-22.

141. Wilkowski BM, Robinson MD. The anatomy of anger: an integrative cognitive model of trait anger and reactive aggression. *Journal of Personality.* 2010 Feb;78(1):9-38.

142. Davis, B. What are the three types of anger? MVOrganizing. 09/06/2020.
https://www.mvorganizing.org/what-are-the-three-types-of-anger/

143. McKay M & Rogers P. *The anger control workbook.* (2000) Oakland, CA: New Harbinger Publications Inc.

144. US Department of Veterans Affairs, National Center for PTSD. *Anger and Trauma.* https://www.ptsd.va.gov/understand/related/anger.asp

145. Massimo LM, Bazzari M, Caprino D. Severe side effects of health migration: stress and anger. *Minerva Pediatrica.* 2012 Dec;64(6):649-54.

146. Yanar B, Kosny A, Smith PM. Occupational Health and Safety Vulnerability of Recent Immigrants and Refugees. *International Journal of Environmental Research and Public Health.* 2018 Sep 14;15(9):2004.

147. Zoni AC, Domínguez-Berjón MF, Esteban-Vasallo MD, Velázquez-Buendía LM, Blaya-Nováková V, Regidor E. Injuries Among Immigrants Treated in Primary Care in Madrid, Spain. *Journal of Immigrant and Minor Health.* 2018 Apr;20(2):456-464.

148. Chang J, Miller DP. Injuries Among School-aged Children of Immigrants. *Journal of Immigrant and Minor Health.* 2018 Aug;20(4):841-847

149. Dias J, Echeverria S, Mayer V, Janevic T. Diabetes Risk and Control in Multi-ethnic US Immigrant Populations. *Current Diabetes Reports.* 2020 Nov 20;20(12):73.

150. Zilliox LA. Neuropathic Pain. Continuum (Minneap Minn). 2017 Apr;23(2, *Selected Topics in Outpatient Neurology*:512-532.

151. *Bottom Line's Health Breakthroughs 2020*.Bottom Line, Inc.
152. Chen Y, Mo F, Yi Q, Morrison H, Mao Y. Association between mental health and fall injury in Canadian immigrants and non-immigrants. *Accident Analysis & Prevention*. 2013 Oct;59:221-6.
153. Lumley MA, Cohen JL, Borszcz GS, Cano A, Radcliffe AM, Porter LS, Schubiner H, Keefe FJ. Pain and Emotion: A Biopsychosocial Review of Recent Research. *Journal of Clinical Psychology*. 2011;67(9):942-968.
154. Perlis ML, Jungquist C Smith MT, Posner, D. Cognitive-Behavioral Treatment of Insomnia A Session by Session Guide. New York NY: Springer.
155. Rasch B, Born J. About sleep's role in memory. *Physiological Review*. 2013 Apr;93(2):681-766.
156. Sleep and Sleep Disorders, Center for Disease Control and Prevention.
https://www.cdc.gov/sleep/index.html
157. Science of Sleep, *Time Special Edition*; 2020.
158. Pronk A, Ji BT, Shu XO, Xue S, Yang G, Li HL, Rothman N, Gao YT, Zheng W, Chow WH. Night-shift work and breast cancer risk in a cohort of Chinese women. *American Journal of Epidemiology*. 2010 May 1;171(9):953-959.
159. Yuan X, Zhu C, Wang M, Mo F, Du W, Ma X. Night Shift Work Increases the Risks of Multiple Primary Cancers in Women: A Systematic Review and Meta-analysis of 61 Articles. *Cancer Epidemiology Biomarkers and Prevention*. 2018 Jan;27(1):25-40.
160. Vetter C, Devore EE, Wegrzyn LR, Massa J, Speizer FE, Kawachi I, Rosner B, Stampfer MJ, Schernhammer ES. Association Between Rotating Night Shift Work and Risk of Coronary Heart Disease Among Women. *JAMA*. 2016 Apr 26;315(16):1726-34.
161. Institute of Medicine. (2002). *Unequal treatment: Confronting racial and ethnic disparities in health care*. Washington, DC: National Academy Press.
162. American Psychiatric Association Fact Sheet: Mental Health Disparities: Hispanics and Latinos.
https://www.psychiatry.org/File%20Library/Psychiatrists/Cultural-Competency/Mental-Health-Disparities/Mental-Health-Facts-for-Hispanic-Latino.pdf

163. Alemi Q, Mefom E, Montgomery S, Koga PM, Stempel C, Reimann JOF. Acculturative stress, stigma, and mental health challenges: emic perspectives from Somali young adults in San Diego county's 'Little Mogadishu'. *Ethnicity & Health*. 2021 13:1-17.

164. Kroening ALH, Dawson-Hahn E. Health Considerations for Immigrant and Refugee Children. *Advances in Pediatrics*. 2019 Aug;66:87-110.

165. Reimann JOF, Talavera GA, Salmon M, Nuñez J, Velasquez RJ. Cultural competence among physicians treating Mexican Americans who have diabetes: A structural model. *Social Science & Medicine*. 2004 59:2195-2205.

166. US Health & Human Services, Office of Minority Health. The National CLAS Standards. https://minorityhealth.hhs.gov/omh/browse.aspx?lvl=2&lvlid=53

167. Singh NN, McKay, JD, Singh, AN. The need for cultural brokers in mental health services *Journal of Child and Family Studies*. 1999 8(1):1-10.

168. Mews C, Schuster S, Vajda C, et al. Cultural Competence and Global Health: Perspectives for Medical Education - Position paper of the GMA Committee on Cultural Competence and Global Health. *GMS Journal for Medical Education*. 2018 35(3):1-17.

169. Dyches C, Haynes-Ferere A, Haynes T. Fostering Cultural Competence in Nursing Students Through International Service Immersion Experiences. *Journal of Christian Nursing*. 2019 Apr/Jun;36(2):E29-E35.

170. Larson KL, Ott M, Miles JM. International cultural immersion: en vivo reflections in cultural competence. *Journal of Cultural Diversity*. 2010 Summer;17(2):44-50.

171. Birman D, Beehler S, Harris EM, Everson ML, Batia K, Liautaud J, Frazier S, Atkins M, Blanton S, Buwalda J, Fogg L, Cappella E. International Family, Adult, and Child Enhancement Services (FACES): a community-based comprehensive services model for refugee children in resettlement. *American Journal of Orthopsychiatry*. 2008 Jan;78(1):121-32.

172. Giddings LS & Grant BM. Mixed methods research for the novice researcher. *Contemporary Nurse*, 2006 23:3-11.

173. Reimann JOF, Rodríguez-Reimann DI. (2010) Community based health needs assessments with culturally distinct populations. In A. Pelham & E. Sills (Eds.) *Promoting Health & Wellness in Underserved Communities: Multidisciplinary Perspectives through Service Learning Series* (pp.82-100), Sterling, VA: Stylus Publishing.

174. Arnetz J, Rofa Y, Arnetz B, Ventimiglia M, Jamil H. Resilience as a protective factor against the development of psychopathology among refugees. *Journal of Nervous and Mental Disease.* 2013; 201(3):167–72.

175. Pargament, KI, & Cummings J. Anchored by faith: Religion as a resilience factor. In JW Reich, AJ Zautra, & JS Hall (Eds.), *Handbook of adult resilience* 2010 (pp. 193–210). New York, NY: The Guilford Press.

176. Ng F. The interface between religion and psychosis. *Australasian Psychiatry.* 2007 Feb;15(1):62-6.

177. Grover S, Davuluri T, Chakrabarti S. Religion, spirituality, and schizophrenia: a review. *Indian Journal of Psychological Medicine.* 2014 36(2):119-124.

178. Abu-Ras W, Gheith A, Cournos F, The Imam's Role in Mental Health Promotion: A Study at 22 Mosques in New York City's Muslim Community, *Journal of Muslim Mental Health*, 2008 3(2):155-176.

179. Heseltine-Carp W, Hoskins M. Clergy as a frontline mental health service: a UK survey of medical practitioners and clergy. *General Psychiatry.* 2020 Oct 23;33(6):e100229.

180. Glasser, W. *Reality Therapy: A new Approach to Psychiatry*, 1975, New York NY: Harper Perennial

181. Marsh HW. Causal ordering of academic self-concept and academic achievement: A multiwave, longitudinal path analysis. *Journal of Educational Psychology.* 1990 82 (4): 646–656.

182. Orth U. Robbins RW. The development of self-esteem. *Current Directions in Psychological Science.* 2014 23 (5): 381–87.

183. Shiraldi, GR. The Self Esteem Workbook (A New Harbinger Self-Help Workbook) 2016 Oakland, CA: New Harbinger Publications

184. Mayo Clinic. *Self-esteem: Take steps to feel better about yourself.* https://www.mayoclinic.org/healthy-lifestyle/adult-health/in-depth/self-esteem/art-20045374

185. Learning Mind: The Philosophy of Learning and Educational Success According to John Dewey.

https://www.learning-mind.com/
the-philosophy-of-learning-and-educational-success/

186. Fact Sheets on the European Union, The Treaty of Lisbon.
https://www.europarl.europa.eu/factsheets/en/sheet/5/
the-treaty-of-lisbon

187. UK Nationality, Immigration and Asylum Act.
https://www.legislation.gov.uk/ukpga/2002/41/contents

188. Baessler, F, Riese, F, Pinto da Costa M, de Picker L, Kazakova,
O, Kanellopoulos A, Grassl R, Gargot T, European Federation of
Psychiatric Trainees, & Casanova Dias, M. (2015). Becoming a
psychiatrist in Europe: the title is recognized across the European
Union, but what are the differences in training, salary and working
hours? *World Psychiatry*. 2015;14(3):372-373.

189. Azar B. International practitioners: What does it take to practice
psychology abroad? Cultural competence is always in demand;
educational requirements vary widely. *gradPSYCH, American
Psychological Association*. 2009 3, Page 38. https://www.apa.org/
gradpsych/2009/03/cover-abroad

190. Smith Bailey D. Beyond our borders, A meeting of North American
psychologists highlights international changes in professional
psychology. *American Psychological Association Monitor*. July/August
2004 35(7): page 58. https://www.apa.org/monitor/julaug04/beyond

191. Roediger HL, Rushton JP, Capaldi ED, Paris SG. *Psychology*. 1984.
Boston, MA, Little Brown.

192. Flückiger C, Del Re AC, Wampold BE, Horvath AO. The alliance in
adult psychotherapy: A meta-analytic synthesis. *Psychotherapy* (Chic).
2018 Dec;55(4):316-340.

193. Tirosh ben-Ari A. Alternative modalities of help with socio-political
and ethnic minorities: Self-help Arabs living in Israel. *Community
Mental Health Journal*, 2001 37; 245-259.

194. Lijtmaer RM. Variations on the Migratory Theme: Immigrants
or Exiles, Refugees or Asylees. *Psychoanalytic Review*. 2017
Dec;104(6):687-694.

195. Muller FJ. Psychotherapy in Argentina: Theoretical orientation and
clinical practice. *Journal of Psychotherapy Integration*. 2008 18, 410-420.

196. Sanchez-Sosa, JJ. Psychotherapy in Mexico: Practice, training, and
regulation. *Journal of Clinical Psychology: In Session*. 2007 63, 765-771.

197. Moreno JL & Moreno ZT. *Psychodrama - Third Volume*, Morrisville, North Carolina: Lulu Press, Inc.

198. Kamışlı S, Gökler B. Adjustment to life with metastatic cancer through psychodrama group therapy: A qualitative study in Turkey. *Perspectives in Psychiatric Care*. 2021 Apr;57(2):488-498.

199. López-González MA, Morales-Landazábal P, Topa G. Psychodrama Group Therapy for Social Issues: A Systematic Review of Controlled Clinical Trials. *International Journal of Environmental Research and Public Health*. 2021 Apr 22;18(9):4442.

200. Hettema J, Steele J, Miller WR. Motivational interviewing. *Annual Review of Clinical Psychology*. 2005;1:91-111.

201. Bahafzallah L, Hayden KA, Raffin Bouchal S, Singh P, King-Shier KM. Motivational Interviewing in Ethnic Populations. *Journal of Immigrant and Minority Health*. 2020 Aug;22(4):816-851.

202. Beck, AT (1967). *The diagnosis and management of depression*. *Philadelphia*, PA: University of Pennsylvania Press.

203. Gautam M, Tripathi A, Deshmukh D, Gaur M. Cognitive Behavioral Therapy for Depression. *Indian Journal of Psychiatry*. 2020 62(Suppl 2):S223-S229.

204. Bandelow B, Reitt M, Röver C, Michaelis S, Görlich Y, Wedekind D. Efficacy of treatments for anxiety disorders: a meta-analysis. *International Clinical Psychopharmacology*. 2015 Jul;30(4):183-92.

205. Weiss BJ, Singh JS, Hope DA. Cognitive-Behavioral Therapy for Immigrants Presenting With Social Anxiety Disorder: Two Case Studies. *Clinical Case Studies*. 2011 Aug;10(4):324-342.

206. Chapman AL. Dialectical behavior therapy: current indications and unique elements. *Psychiatry (Edgmont)*. 2006 3(9):62-68.

207. Linehan MM. Building a life worth living: a memoir. 2020. New York, NY: Random House.

208. Shapiro F & Forrest MS. EMDR: The Breakthrough Therapy for Overcoming Anxiety, Stress, and Trauma. 2016. New York, NY: Basic Books.

209. Shapiro F. Eye movement desensitization and reprocessing: Basic principles, protocols and procedures (2nd edition). 2001. New York: Guilford Press.

210. World Health Organization. Guidelines for the Management of Conditions Specifically Related to Stress

https://apps.who.int/iris/bitstream/handle/
10665/85119/9789241505406_eng.
pdf;jsessionid=877EBBBE040C23C2378F95EE18EA5A19?
sequence=1

211. Mindful: healthy mind, healthy life. https://www.mindful.org/

212. Kabat-Zinn J. *Full Catastrophe Living: Using the Wisdom of Your Body and Mind to Face Stress, Pain, and Illness.* 1990. New York, NY: Dell Publishing.

213. David Burns (1999). "Introduction". *Feeling Good.* pp. pxvi–xxxii.

214. Smith, N.M.; Floyd, M.R.; Jamison, C. & Scogin, F. (1997). Three year follow up of bibliotherapy for depression. *Journal of Consulting and Clinical Psychology.* 65 (2): 324–32.

215. Burke MJ, Fried PJ, Pascual-Leone A. Transcranial magnetic stimulation: Neurophysiological and clinical applications. *Handbook of Clinical Neurology.* 2019 163:73-92.

216. Beardsley RS, Gardocki GJ, Larson DB, Hidalgo J. Prescribing of psychotropic medication by primary care physicians and psychiatrists. *Archives of General Psychiatry.* 1988 Dec;45(12):1117-9.

217. Mintz D. Combining Drug Therapy and Psychotherapy for Depression. *Psychiatric Times* Volume 23, Issue 11. https://www.psychiatrictimes.com/view/combining-drug-therapy-and-psychotherapy-depression

218. Lingford-Hughes AR, Welch S, Peters L, Nutt DJ. BAP updated guidelines: evidence-based guidelines for the pharmacological management of substance abuse, harmful use, addiction and comorbidity: recommendations from BAP. *Journal of Psychopharmacology.* 2012 26(7): 899–952.

219. Current Pharmacological Treatment Available for Alcohol Abuse. *The California Evidence-Based Clearinghouse.* 2006–2013.

220. Hogue A, Henderson CE, Ozechowski TJ, Robbins MS. Evidence base on outpatient behavioral treatments for adolescent substance use: updates and recommendations 2007–2013. Journal of Clinical Child and Adolescent Psychology. 2014 43 (5): 695–720.

221. Fischer B, Oviedo-Joekes E, Blanken P, Haasen C, Rehm J, Schechter M, T, Strang J, & van den Brink W. Heroin-assisted treatment (HAT) a decade later: a brief update on science and politics. *Journal of Urban Health.* 2007 84(4):552-562.

222. "Drogentote" Swiss Health Observatory.
https://www.obsan.admin.ch/de/indikatoren/MonAM/drogentote

223. Heine, S. J. (2011). *Cultural Psychology*. New York: W. W. Norton & Company.

224. Fiske, A.; Kitayama, S.; Markus, H.R.; & Nisbett, R.E. (1998). The cultural matrix of social psychology. In D. Gilbert & S. Fiske & G. Lindzey (Eds.), *The Handbook of Social Psychology* (4th ed., pp. 915–81). San Francisco: McGraw-Hill.

225. Markus, H.R.; Kitayama, S. (2003). "Culture, Self, and the Reality of the Social". *Psychological Inquiry*. 14 (3): 277–83.

226. Kumaraswamy, N. (2007). Psychotherapy in Brunei Darussalam. *Journal of Clinical* Psychology: In Session, 63, 735-744.

227. Twenge JM, Joiner TE. U.S. Census Bureau-assessed prevalence of anxiety and depressive symptoms in 2019 and during the 2020 COVID-19 pandemic. *Depression and Anxiety*. 2020; (37)10:947-1059.

228. Mental Health America. COVID-19 and Mental Health: What We Are Learning, September 1, 2020.
https://www.mhanational.org/nearly-390000-excess-depression-and-anxiety-screenings-start-pandemic-according-mental-health

229. Liem A, Natari RB, Jimmy, Hall BJ. Digital Health Applications in Mental Health Care for Immigrants and Refugees: A Rapid Review. *Telemedicine Journal and E-health*. 2021 Jan;27(1):3-16.

230. Koç V, Kafa G. Cross-Cultural Research on Psychotherapy: The Need for a Change. *Journal of Cross-Cultural Psychology*. 2019 50(1):100–115.

231. Caballo VE, Irurtia MJ. Analysis of a clinical case from a Spanish perspective. *Journal of Clinical Psychology: In Session*. 2007 63:777-784.

232. Kavanagh DJ, Littlefield L, Dooley, R, O'Donovan A. Psychotherapy in Australia: Clinical psychology and its approach to depression. *Journal of Clinical Psychology: In Session*. 2007 63:725-733.

233. Bilican, FI, Soygut-Pekak, G. Professional development processes of trainee and experienced psychotherapists in Turkey. *Turkish Journal of Psychiatry*. 2015 26:249-260.

234. Danylchuk L. What Do EMDR, Running, and Drumming Have in Common? *Good Therapy*. September 1, 2015.
https://www.goodtherapy.org/blog/
what-do-emdr-running-and-drumming-have-in-common-0901154

235. Saxon V, Mukherjee D, Thomas DJ. Behavioral Health Crisis Stabilization Centers: A New Normal. *Journal of Mental Health and Clinical Psychology.* 2018 2(3):23-26.

236. Lloyd-Evans B, Slade M, Jagielska D, Johnson S. Residential alternatives to acute psychiatric hospital admission: systematic review. *British Journal of Psychiatry.* 2009 Aug;195(2):109-17.

237. SAMHSA National Guidelines for Behavioral Health Crisis Care – A Best Practice Toolkit. https://www.samhsa.gov/sites/default/files/national-guidelines-for-behavioral-health-crisis-care-02242020.pdf

238. Arain M, Haque M, Johal L, Mathur P, Nel W, Rais A, Sandhu R, Sharma, S. Maturation of the adolescent brain. *Neuropsychiatric Disease and Treatment.* 2013 9:449-461.

GLOSARIO

Aculturación se define generalmente como modificación cultural y adaptación de un individuo, grupo de personas mediante el aprendizaje y la integración de rasgos y normas de otra cultura. La aculturación no es un concepto uniforme, ya que puede tomar muchas formas.

Ansiedad es un estado emocional caracterizado por dificultades como el miedo, el temor, la preocupación y la inquietud. Esto puede incluir síntomas físicos como sudoración, tensión muscular y tener latidos rápidos de corazón. La ansiedad puede ser una reacción normal al estrés. Pero puede evolucionar en un trastorno cuando se convierte fuerte y persistente.

Antropología Médica es una disciplina que estudia cómo la salud y la enfermedad se moldean, experimentan y se entiende en un contexto de circunstancias globales, históricas y políticas.

Competencia Cultural La Oficina de Salud de las Minorías de los Estados Unidos define esto como *"tener la capacidad para funcionar efectivamente como un individuo u organización en el contexto de las creencias, comportamientos y necesidades culturales presentadas por los consumidores y sus comunidades"*. A nivel internacional, la competencia cultural la investigación y la promoción también hacen hincapié en la salud mundial. Como tal, busca comprender las interconexiones entre regiones, grupos culturales, cambios de clima, ecosistemas y políticas, y las realidades de como ellos impactan la salud y el bienestar.

Depresión es un estado emocional caracterizado por dificultades como la tristeza, la desesperanza, la impotencia, el sentirse inútil, la pérdida de interés en las actividades, en los lazos sociales en que la persona disfrutaba anteriormente, la pérdida de energía, la desaceleración física, perturbación en patrones de sueño, cambios en el apetito, y el sentirse culpable. Todas las personas se ponen tristes por varias razones en diferentes momentos de su vida. Pero la depresión es más grave y persistente. Las personas entonces tienen problemas para concentrarse y se vuelven tan desesperados que incluso pueden pensar en terminar con su vida. En circunstancias extremas en las que personas intentan o incluso completan el suicidio.

Epidemiología es el estudio científico de patrón y causas (incluyendo factores de riesgo) de una población sobre la salud. Eso incluye, pero es no limitado para enfermedades específicas. La intención epidemiológica básica es comprender a los patrones involucrados en ambos enfermedades y salud y así desarrollar maneras de apoyo eficaz y aumentar el bienestar.

Estrés de Aculturación se refiere a los desafíos psicológicos que implica la adaptación a una nueva cultura. Este estrés puede ser significativo, especialmente cuando la aculturación implica cambios importantes en la vida (por ejemplo, aprender un nuevo idioma, reducción socioeconómica, y otro estatus, enfrentando discriminación en un nuevo país). El estrés de aculturación ha sido reconocido como un área clínica de preocupación en el Internacional Clasificación de Enfermedades Décimo Revisión, (CIE-10) y el Manual Diagnóstico y Estadístico de los Trastornos Mentales, Quinta edición (DSM–5).

Higiene del sueño es un conjunto de instrucciones amplio que recomienda y rechaza las prácticas que tienden a promover o interferir con la rutina del sueño. Ejemplos de tales instrucciones incluyen la regulación de la hora de acostarse de manera consistente, restricción de bebidas alcohólicas y cafeína antes de acostarse entre otras.

Inmigrantes son personas que han llegado a vivir permanentemente en un país que no es su lugar de nacimiento y/o ciudadanía. Como tal, no se aplica a las personas que son turistas o que visitan un lugar extranjero para trabajar temporalmente.

Insomnio crónico se caracteriza como crónica cuando los síntomas del no poder dormir persisten sin cesar cuando menos por un mes y por seis meses o más.

Insomnio Inicial es caracterizado por dificultad de poder dormir a la hora de acostarse.

Inteligencia Emocional es la capacidad de ser consciente, controlar y expresar las emociones de manera efectiva. Aumenta la inteligencia emocional cuando una persona puede ser capaz de tener relaciones interpersonales reflexivas y con empatía. La inteligencia emocional es frecuentemente considerada de tener cinco componentes básicos: autoconciencia, autorregulación, motivación interna, empatía y habilidades sociales.

Internalización ocurre cuando las personas comienzan a creer en los estereotipos negativos que otros atribuyen hacia ellos. Entre grupos diferentes étnicos y raciales marginados pueden comenzar a aceptar prácticas discriminatorias por parte del grupo dominante. Estos en torno piensan que las caracterizaciones negativas de su grupo son precisas e intolerantes, por lo tanto, las prácticas están justificadas.

Lesión cerebral traumática (LCT). Esto implica lesiones en el cerebro, el cráneo, y cuero cabelludo. El cerebro no está funcionando normalmente debido a una fuerza externa como como un golpe violento en la cabeza. Hay cuatro tipos básicos de LCT: Conmociones cerebrales (comúnmente involucrando un golpe o sacudida de la cabeza que puede causar dificultes concentración, pérdida de memoria y desorientación), contusiones cerebrales (a cardenal en el cerebro), lesiones penetrantes en el cerebro (algún tipo de objeto ha perforado el cráneo ese hace daño a el cerebro) y lesiones cerebrales anóxicos (el restringir sangre al cerebro y derivarlo de oxígeno y potencialmente las células del cerebro empiezan a morir). Dado LCT es una consideración importante en casos dónde los inmigrantes han vivido en situaciones de guerras y/o han experimentado otros tipos de violencia. Los síntomas de TBI pueden afectar e interactuar con el TEPT y otros trastornos psiquiátricos.

Migración involuntaria La situación en la que se encuentran las personas que han migrado porque temían la guerra o la persecución en su país de origen. Pueden y han sido coaccionados para irse. Tales migrantes no necesariamente querían irse de su país de origen, pero lo hicieron porque sentían que no tenían otra opción.

Migrante es una persona que se muda de un país a otro. A veces el termino es aplicado hacia personas que viajan al a un país extranjero en busca de trabajo (por ejemplo, trabajadores agrícolas migrantes) con la posible intención de regresar periódicamente a su hogar de origen.

Movimiento del Ojo Desensibilización y Reprocesamiento (EMDR) es un tipo de tratamiento psicológico, principalmente para la perturbación emocional relacionada con el trauma. Como parte de un método integral en que el paciente recuerda experiencias angustiantes al realizar estimulación bilateral, como de lado a lado movimiento de los ojos o golpes a ambos lados del cuerpo.

Paradoja del Inmigrante (también conocida como "paradoja latina" o "paradoja hispana") Se nombra para la investigación mostrando que la primera generación de inmigrantes tienden a tener resultados de salud que son aproximadamente equivalentes (o a veces mejor que) sus contrapartes nativas. Esto se considera una paradoja porque los inmigrantes de primera generación a tienen a menudo ingresos y educación promedio más bajos, factores que generalmente están relacionados con una peor salud y una mayor mortalidad a través del mundo.

Psicodrama es un enfoque de tratamiento psicológico en el que los pacientes utilizan el drama, o actuación de roles y otros métodos para investigar y obtener información sobre sus vidas.

Psicología Positiva se centra en las fortalezas de las personas para identificar los enfoques que ayudarán al individuo a obtener una vida significativa y satisfactoria. Eso se centra mucho menos en la psicopatología.

Psicoterapia Centrado del Cliente es terapia no directiva donde el terapeuta no juzga al paciente (a veces referidos como consideración positiva incondicional) y simplemente ayuda a proveer apoyo para el paciente. Se basa en la búsqueda de soluciones para los problemas.

Reestructuración Cognitiva es una técnica terapéutica que implica identificar cogniciones y creencias desadaptativas que tienden a ser automáticas. Eso luego enseña al paciente cómo evaluar críticamente los procesos de pensamiento y potencialmente cambiarlos por otros más constructivos.

Terapia Cognitivo Conductual (TCC) es un tipo de tratamiento que ayuda a las personas aprender cómo identificar y cambiar patrones de pensamiento contraproducentes que tienen una influencia negativa en el comportamiento y las emociones. Reestructuración Cognitiva tiende ser usado en TCC.

Terapias Psicodinámicas se centran en buscar y descubrir las raíces psicológicas del sufrimiento emocional. Estos son frecuentemente vistas como conflictos en la mente inconsciente. Las terapias psicodinámicas se centran en la autorreflexión y la autoexploración para identificar y resolver tales conflictos.

Trastorno de Estrés Postraumático (TEPT) es una condición mental que se activa en algunas personas debido a una experiencia personal o en la que fueron testigos a un evento aterrador (por ejemplo, guerra, asalto sexual, accidente automovilístico, accidente industrial (laboral) con lesiones significativas). Síntomas comunes pueden incluir pensamientos intrusivos sobre el evento, ansiedad severa, recordar constantemente el evento, evitar cualquier cosa que recuerde a las personas el evento, pesadillas, ansiedad, depresión, dificultades para pensar y concentrarse, y la tendencia de aislarse de los demás. Los problemas asociados con el TEPT pueden ser bastante común en poblaciones con experiencia del ejercito o refugiados que han tenido experiencias en guerra.

Trastornos de la personalidad son enfermedades mentales que implican una palmadita a largo plazo que se caracteriza con pensamientos y comportamientos inflexibles y disfuncionales. Pueden causar problemas serios y repetidos en todos los aspectos de la vida. Incluyendo relaciones y trabajo. Las personas con trastornos de la personalidad a menudo son de carácter volátil y tienden a tener problemas en mantener cualquier tipo de relaciones a largo plazo.

Trauma puede incluir lesiones físicas, angustia psicológica o algunas complicaciones. Trauma clínicamente físico existe cuando hay una herida seria del cuerpo. Frecuentemente éste es dividido en *"trauma de fuerza contundente"* cuando algo golpea, pero no necesariamente penetra en el cuerpo. Esto puede causar conmociones cerebrales, huesos rotos y lesiones similares. *"Trauma penetrante"* se nombra en circunstancias en las cuales un objeto penetra el cuerpo o piel, que generalmente resulta en una apertura. El trauma psicológico se refiere a la cognición. Trastornos angustiantes y emocionales que pueden surgir a raíz de eventos sufridos (por ejemplo, guerra, violencia doméstica, abuso sexual y explotación, y accidentes también industriales). Experimentar directamente estas experiencias o incluso presenciar tales eventos a menudo causan un estrés abrumador que la persona no puede soportar. En muchos incidentes, traumas físicos y psicológicos ocurren al mismo tiempo. Además, algunas personas experimentan un *"trauma acumulativo"* que involucra no uno, sino como resultado de eventos prolongados. Un ejemplo físico es el síndrome del túnel carpiano. En el ámbito psicológico, experiencias como la negación y la discriminación constante, puede aumentar la angustia.

Trauma intergeneracional implica reacciones traumáticas que se transmiten desde las personas que experimentan directamente los eventos originales y sigue su efecto en las generaciones siguientes. Los niños pueden, por ejemplo, "*heredar*" reacciones traumáticas de sus padres. Esto puede incluir escuchar historias directas sobre eventos traumáticos. Pero es también puede implicar la transmisión de formas disfuncionales que los adultos han utilizado en sus esfuerzos para tratar con trauma.

Trauma vicario implica angustia emocional que proviene de la empatía con sobrevivientes de trauma. Es más frecuente en personas que se dedican a la asistencia médica profesional, socorristas y otras personas que trabajan con sobrevivientes de la guerra, tortura, accidentes y otras circunstancias traumáticas.

Un Refugiado es una persona que se ha visto obligado a emigrar fuera de su país de origen debido a amenazas a sí mismo. Este término es un poco complicado porque a veces se aplica ampliamente a cualquier inmigrante que se vio obligado a migrar. Pero sobre una base más formal, tiende a referirse a un estado legal específico. Para ejemplo según el título VIII de los Estados Unidos Código Sección 1100 y 1A 42, un "*refugiado*" es un extranjero quién es incapaz o poco dispuesto para regresar a su país de origen debido a la persecución, o un temor bien fundado de persecución, ya sea por su raza, religión, nacionalidad, membresía particular en un grupo social, u opinión política. Un extranjero no puede calificar para este estatus si él o ella han sido condenado por un delito grave. Los parámetros legales específicos alrededor de situaciones de los refugiados tienden a variar de país en país.

ÍNDICE

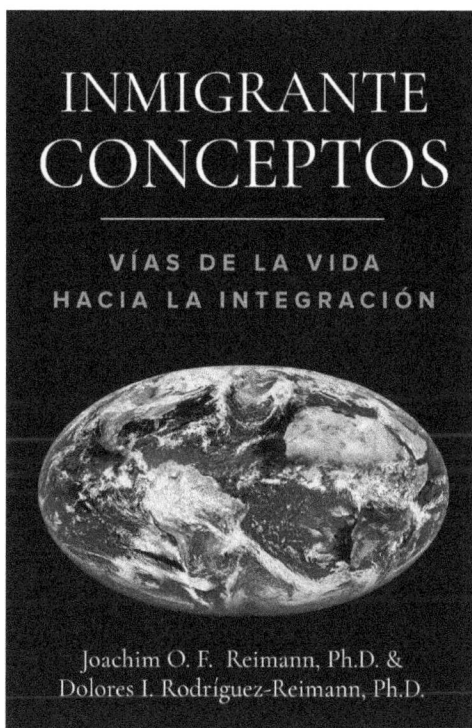

INMIGRANTE
CONCEPTOS

VÍAS DE LA VIDA
HACIA LA INTEGRACIÓN

Joachim O. F. Reimann, Ph.D. &
Dolores I. Rodríguez-Reimann, Ph.D.

LIBRO 1 SERIE *INMIGRANTE:* *AVANCES HACIA LA PROSPERIDAD*

El primer libro de esta serie ofrece a los lectores una visión amplia y general de las transiciones de ocupación o carrera, la salud emocional y física, adaptación cultural que ayuda a fomentar resiliencia para los inmigrantes. También, hace sugerencias prácticas en cómo ellos puedan lograr éxito en sus nuevos países.

RECONOCIMIENTOS

Muchas personas le han dado forma a este libro. Nuestra editora Sra. Leslie Schwartz nos ayudó a mejorar nuestra escritura y también preguntó preguntas importantes acerca de temas que nosotros no habíamos considerado. Para esta versión en español le agradecemos eternamente a la Sra. Leticia Gloria por su dedicación, colaboración y apoyo infinito. Además, estamos, una vez más, agradecidos al Sr. David Wogahn por su pastoreo a través de los muchos procedimientos complejos implicados en la editorial de un libro.

También queremos reconocer a los amigos y colegas con los que hemos trabajado en varios proyectos. Más centralmente estos incluyen al Dr. Fouad Beylouni (nuestro experto en lengua árabe), Dr. Mehboob Ghulam, Sra. Maria Elena Patiño, y Sra. Aida Amar. Además, hemos apreciado nuestro trabajo con dirigentes en las comunidades locales de África oriental, en particular el Sr. Ahmed Sahid, presidente y CEO de Servicios para La Familia Somalí de San Diego y El Sr. Abdi Mohamoud, presidente y consejero delegado del La Organización del Cuerno de África.

Más importantemente deseamos agradecerles a nuestros muchos pacientes y clientes quienes han compartido con nosotros sus historias de vida y dificultades a lo largo de los años. Sus nombres deben permanecer confidenciales, pero sus experiencias están al corazón tanto del contenido como nuestro deseo de escribir este libro.

ACERCA DE LOS AUTORES

Joachim "Joe" Reimann, Ph.D. nació en Berlín, Alemania. Su familia emigró a los Estados Unidos cuando él tenía 10 años. En la actualidad Joachim es psicólogo clínico y presidente del Grupo para el Reasentamiento y Evaluación para los Inmigrantes. Tiene una larga historia laboral con comunidades de inmigrantes. Anteriormente él sirvió como presidente de la Junta Directiva para Servicios para la Familia Somalí de San Diego. Además, en el pasado Joachim fue Administrador del Condado de San Diego para el departamento de Salud de Emergencia Conductual y Chequeo.

Así como para la Unidad de Servicio Forense Juvenil. Mientras adjunto a la facultad en la Escuela de Graduados de Salud Pública de la Universidad Estatal de San Diego, Joachim también ha recibido subvención apoyo de la Oficina de Salud Minoritaria, el Centro Nacional para las Disparidades de Salud de las Minorías, y el Centro de Excelencia Hispánico. Sus investigaciones han sido publicadas en el *Journal of Clinical Psychology*, *Psychological Reports*, *Social Science & Medicine*, *Ethnicity & Health*, y otros. En adición, como clínico en un centro de atención Joachim también tiene un doctorado en el área de énfasis en Psicología Organizacional. Por consiguiente, él ha sido parte de varios proyectos de desarrollo personal y ha mantenido posiciones administrativas a través de su carrera.

Dolores I. Rodríguez-Reimann, Ph.D. nació en *Piedras Negras*, México. Su familia emigró a los Estados Unidos cuando ella tenía 15 años. Dolores es psicóloga bilingüe y bicultural (inglés/español). Ella ha trabajado con poblaciones de inmigrantes y refugiados por muchos años. En específico su trabajo clínico privado pasado incluye servicios a través de Supervivientes de Tortura Internacional, así como la investigación financiada. Actualmente, Dolores es ejecutiva del Grupo de Reasentamiento y Evaluación para Inmigrantes. Mientras adjunto a la facultad en la Escuela de Graduados de Salud Pública de la Universidad Estatal de San Diego, recibió subvenciones y contratos de apoyo a través del Instituto Nacional del Corazón, los Pulmones y la Sangre (NHLBI), el Instituto Nacional del Cáncer (NCI) y la Oficina de Salud de las Minorías de los Estados Unidos. Su investigación sobre la aculturación y temas relacionados ha sido publicada en *Origen Étnico & Enfermedad* y el *Diario de Inmigrante Salud*. Dolores además ha servido en múltiples posiciones de liderazgo a lo largo de su carrera.